VENÇA O DESÂNIMO E SEJA FELIZ

Solicite nosso catálogo completo, com mais de 400 títulos, onde você encontra as melhores opções do bom livro espírita: literatura infantojuvenil, contos, obras biográficas e de autoajuda, mensagens espirituais, romances palpitantes, estudos doutrinários, obras básicas de Allan Kardec, e mais os esclarecedores cursos e estudos para aplicação no centro espírita – iniciação, mediunidade, reuniões mediúnicas, oratória, desobsessão, fluidos e passes.

E caso não encontre os nossos livros na livraria de sua preferência, solicite o endereço de nosso distribuidor mais próximo de você.

Edição e distribuição

EDITORA EME
Caixa Postal 1820 – CEP 13360-000 – Capivari – SP
Telefones: (19) 3491-7000 | 3491-5449
Vivo (19) 99983-2575 | Claro (19) 99317-2800
vendas@editoraeme.com.br – www.editoraeme.com.br

SEVERINO BARBOSA

VENÇA O DESÂNIMO E SEJA FELIZ

Capivari-SP
– 2014 –

© 2014 Severino Barbosa

Os direitos autorais desta obra são de exclusividade do autor

A Editora EME mantém o Centro Espírita "Mensagem de Esperança", colabora na manutenção da Comunidade Psicossomática Nova Consciência (clínica masculina para tratamento da dependência química), e patrocina, junto com outras empresas, a Central de Educação e Atendimento da Criança (Casa da Criança), em Capivari-SP.

1ª reimpressão – novembro/2014 – Do 3.001 ao 4.000 exemplares

CAPA | Victor Augusto Benatti
DIAGRAMAÇÃO | Victor Augusto Benatti
REVISÃO | Ana Carolina C. Noronha

Ficha catalográfica elaborada na editora

Barbosa, Severino, 1941
    Vença o desânimo e seja feliz / Severino Barbosa – 1ª reimp.
nov. 2014 – Capivari, SP : Editora EME.
152 p.

1ª ed. abr. 2014
ISBN 978-85-66805-30-7

1. Autoajuda. 2. Mensagens de otimismo.
3. Terapia do evangelho. 4. Felicidade. I. TÍTULO.

CDD 133.9

SUMÁRIO

Parte 1 – Conheça os segredos de ser feliz 7
A felicidade é uma conquista individual......................9
Confie em Deus e em si mesmo 13
Cultive o bem-estar físico e espiritual........................15
Egoísmo, causador da infelicidade humana 17
Orgulho, a lástima humana 19
Prazer material e prazer da alma..................................21
Não guarde ressentimentos...25
Cultive o hábito da prece...27
A depressão é uma doença da alma (I)........................31
A depressão é uma doença da alma (II)......................33
Não se permita envenenar pelo desânimo.................37
Lembre-se de Jesus...41
Você sonha em transformar o mundo?.......................45
Seja uma pessoa alegre..49
Cuidado, a obsessão pode lhe fazer infeliz!...............51
Cuidado com sua imaturidade psicológica................55
Tenha cuidado com a raiva...59
Cultive a simpatia natural 63
Tenha cuidado com as preocupações.........................65

Parte 2 – Não se deixe vencer pelo desânimo 67
Não pense em fracasso..69
Não acredite em problemas sem solução 75

Tenha coragem para enfrentar a vida 81
Acredite que a fé remove montanhas 87
Aprenda a esvaziar sua alma 91
Elimine suas preocupações (I) 95
Elimine suas preocupações (II) 101
Elimine suas preocupações (III) 105
Saiba resolver seus problemas pessoais 111
Ligue-se à espiritualidade 115
Você acredita que a fé pode curar? 119
Mude sua maneira de pensar, sentir e agir 125
Como cuidar da saúde da alma (I) 129
Como cuidar da saúde da alma (II) 135
Não permita que sua alma se alimente de rancores 139
Renove seus pensamentos e seja feliz 145

Parte 01

Conheça os segredos de ser feliz

> Somente o progresso moral assegura aos homens a felicidade na Terra.
> **Allan Kardec**

A FELICIDADE É UMA CONQUISTA INDIVIDUAL

COSTUMA-SE DIZER QUE nós, os animais humanos, nascemos para sofrer; que Deus nos fez com essa predestinação e que nada podemos fazer para superar essa situação. Penso haver um certo exagero nesse sentido. Ocorre que Deus não nos criou para o sofrimento. Ele nos fez para sermos felizes. Se não o somos, deve haver alguma explicação.

Não será que nós, pela nossa desobediência às Suas Leis, nos tornamos culpados e, por isso, sofremos as consequências dos nossos erros? Quer dizer: sofremos e a responsabilidade é nossa.

Não será esse o motivo pelo qual muitas criaturas se queixam de que não são felizes porque não nasceram com a estrela da felicidade? Achamos que sim. Deus não quer o nosso mal. Ele quer o nosso bem em todos os sentidos.

Acontece também que, provavelmente, estamos esquecidos de que Deus nos dotou de todos os equipamentos, possíveis e imagináveis, para superarmos todas as dificuldades, notadamente as dores físicas e os sofrimentos morais; e, desse modo, desfrutarmos de uma vida mais feliz.

É a maior verdade que o nosso mundo Terra é ainda de provas e expiações, como bem nos esclarece a filosofia espírita. E, dessa forma, a felicidade aqui, por enquanto, não pode ser completa. Mas nada impede que desfrutemos de uma felicidade relativa. Felicidade essa que todos nós temos condições de sobra para construir. Felizmente, todos temos esse direito.

Em meu trabalho no espiritismo conheci uma respeitável senhora que se queixava muito da vida. Afirmava que tinha nascido com a sua estrela apagada. Considerava-se "azarada". Achava-se perseguida pelo azar e, como tal, acusava a família de ser assim, de ser mal-sucedida nos estudos, no emprego e, principalmente, no casamento. Conforme dizia, ninguém na face da Terra era mais infeliz que ela. Conclusão: em tudo que tentava, o resultado era negativo. Sentia-se a mais frustrada das mulheres.

Evidentemente, nesse deplorável estado de espírito, sentia piedade de si mesma, o que não é coisa boa. Não é difícil perceber que a frustração é irmã gêmea da insatisfação. E a insatisfação pode ser a semente da revolta. A revolta pode ser a semente da depressão.

Conversando, pude sugerir-lhe que procurasse a terapia do espiritismo, uma vez que a doutrina, com a sua medicina combinada com o evangelho, certamente a ajudaria a transformar sua visão espiritual, apontando-lhe o caminho real da felicidade relativa, que é um direito dos filhos de Deus.

Percebi também naquela senhora que, embora de boa formação social, mostrava-se de pouca formação espiritual. Demonstrava, através da conversa, ser uma pessoa muito rigorosa nos detalhes, muito ranzinza, de gênio muito forte, cheia de direitos etc.

Criaturas assim, sem dúvida, são de difícil convivência, porque acham que tudo tem de passar pelas suas mãos e passar pelo seu crivo. São pessoas, para as quais, 'nada' se transforma em tudo. Apenas um pingo de água se transforma numa enorme tempestade. É do caráter.

Talvez tenha sido esse modelo de caráter daquela senhora o fator básico da sua infelicidade, que ela, com medo de se olhar por dentro e se culpar, preferiu se declarar "sou uma azarada".

E por ser uma criatura de gênio muito forte e daquelas que não aprenderam a levar para casa o mais leve desaforo, terminou construindo sua própria desdita. Culpa de Deus? Não. Culpa do destino? Não. Sua estrela era sem brilho? Não. Era vítima inocente do azar? Não. Faltava-lhe pelo menos uma gota de humildade para admitir que a sua infelicidade era fruto do seu caráter.

Mas esse quadro podia mudar, se ela quisesse. Como a maioria das pessoas, ela preferia atribuir o mal a outras causas, entre as quais a má estrela, o destino, o azar etc., mas não aceitava que a culpa fosse sua. E assim é a maioria dos animais humanos.

CONFIE EM DEUS E EM SI MESMO

A SENHORA A quem nos referimos no capítulo anterior, ela própria revelou cerca de um ano mais tarde que, após a nossa conversa, passou a assistir a sessões espíritas e isso mudou muito sua vida; e que agora o livro que ela mais consulta é *O Evangelho segundo o Espiritismo*. Declarou que antes nem tinha confiança em Deus e muito menos em si mesma.

Com o espiritismo, passou a ter mais consciência dos seus próprios erros e aprendeu a se patrulhar, para menos errar. Como mudou, recuperou seu casamento e passou a ter uma boa convivência com as pessoas. Disse que se reencontrou. Que bom!

Ela passou a compreender que a confiança em Deus e em si mesma são fatores indispensáveis à felicidade.

E já que estamos falando em confiança em Deus e em nós mesmos, como fundamento das grandes realizações humanas, poderíamos trazer à lembrança as sugestões de sábios e renomados psicólogos que afirmam ser essas duas forças da alma as bases de reconstrução de uma sociedade mais equilibrada, de um mundo bem melhor.

Entretanto, a confiança em si mesmo não é cega. Deve ser uma consciência dos nossos próprios recursos interiores, como semente de uma fé-força-autopoder, mas diga-se também que, se a consciência dessa força não estiver atrelada à confiança nos poderes celestiais, pouco vale. Porque sem Deus, nada somos. É justamente amparados na confiança, primeiramente em Deus, que conseguiremos realizar mudanças importantes em nós mesmos: substituirmos qualidades negativas do nosso caráter por qualidades positivas. É o ideal.

Aquela senhora, a meu ver, iniciou seu primeiro passo na busca da autoconfiança e na confiança em seu Criador. Foi ótimo!

A descoberta desses dois poderes espirituais equivale a descobrir a verdadeira fé, aquela a que Jesus sempre se referia ao curar os enfermos da alma e do corpo: "A tua fé te curou". De outras vezes, conversando com seus apóstolos no cenáculo ou em contato direto com os sofredores nas vias públicas, o Cristo costumava proferir esta frase: "Vós sois deuses".

Provavelmente, os sofredores nem alcançassem o sentido espiritual dessa frase. Mas Jesus queria conscientizá-los dos potenciais que cada pessoa humana conduz em si mesma e que deve fazer bom uso dessas forças, ou seja, direcioná-las para o bem de todos. Fazer esse bem nos faz bem e nos torna felizes.

CULTIVE O BEM-ESTAR FÍSICO E ESPIRITUAL

PARA SE TER uma vida relativamente feliz aqui no mundo é preciso haver uma boa harmonia entre as forças da alma e do corpo. O pensamento positivo é capaz de sustentar essa harmonia. Os antigos romanos, já naquela época, possuíam alta compreensão dessa verdade. É deles esta frase: "Mente sã em corpo são". Ou seja: pensamento sadio em matéria sadia.

Essa frase nos leva à compreensão que, em princípio, não existem doenças, mas pessoas doentes da alma, de pensamentos enfermos. Almas que adoecem transferem para o corpo as vibrações negativas dos seus desequilíbrios. Isso porque a doutrina espírita reconhece que existe inter-relação do espírito e da matéria. E daí, pois, a influência recíproca alma-corpo: o que golpeia a matéria reflete no espírito, e vice-versa.

Cultivar o bem-estar da alma e do corpo é uma arte que poucas pessoas sabem fazer. Para isso é preciso autodisciplina que, em princípio, abrange boa alimentação para manter o corpo saudável e bom equilíbrio mental. Mas, o exercício dessa arte não é coisa de anjo ou arcanjo, ou mesmo de homem superdotado. Não. Basta nos impormos algumas limitações.

Ora, para se conseguir sucesso no que planejamos alcançar, basta um pouco de boa vontade. Com fé, firme vontade, paciência e perseverança, tudo se consegue. Esses poderes da alma estão ao alcance de todas as criaturas de Deus. Por isso Jesus disse aos seus discípulos "vós sois deuses".

Não devemos esquecer, portanto, de que essas forças da alma são as chaves de todo sucesso da vida material e, acima de tudo, da vida espiritual, no sentido de mudanças na maneira de ser das pessoas. Com essas regras, por sinal muito leves, podemos, à vontade, cultivar o nosso bem-estar físico e espiritual. E sermos pessoas felizes.

EGOÍSMO, CAUSADOR DA INFELICIDADE HUMANA

O SÁBIO ALLAN Kardec, codificador do espiritismo, afirma que o egoísmo é a maior chaga da sociedade. Tem sido o grande flagelo da raça humana. É o maior atraso ao progresso. Percebe-se que o egoísmo sempre está presente nas ações do homem. É o maior entrave à evolução do homem como tal e como espírito imortal. Nas palavras de Kardec, os homens são infelizes porque são egoístas e orgulhosos.

O egoísta é aquele que só cuida de si mesmo; é aquele que só consegue vantagens para si e faz questão de ignorar os direitos dos outros. Nestes, as forças negativas são ativas e trabalham desenfreadamente.

As criaturas generosas conseguem superar essas forças negativas e trabalham em favor dos outros e tudo fazem em benefício dos seus semelhantes, antes de pensarem em si mesmos. Estes, como vemos, concentram em sua alma as forças positivas da generosidade. E tudo que fazem é antes pensando nos outros. Assim, estamos diante de duas espécies de egos diferentes ou opostos. Um, que só cuida dos seus interesses pessoais para obter vantagens. Outro, que antes de cuidar de si mesmo transforma suas energias em generosidade em favor dos outros.

Os dois modelos citados aqui, como exemplo, são

portadores de dois campos energéticos diametralmente opostos: o primeiro é negativo; o segundo é positivo.

E o mais curioso desse raciocínio é que todos nós, em dosagem maior ou menor, de uma forma ou de outra, infelizmente ainda somos egoístas, embora eventualmente também sejamos generosos, conforme as conveniências. Quer dizer: dois comportamentos no mesmo ego. Um, egoísta; outro, generoso.

Esse é o retrato de corpo inteiro do homem no presente. E como o egoísmo é uma face da imperfeição humana, aqui na Terra, precisamos das reencarnações sucessivas, a fim de substituirmos o egoísmo pela generosidade. É assim que nos tornaremos felizes.

Quando falamos em egoísmo, recordamos um conto de autoria do escritor Wladimir Johnson: Na velha Índia de Buda havia um famoso sábio. Um belo dia um grupo de estudantes universitários o visitou e perguntou-lhe qual o maior inimigo do homem. Surpreso com a pergunta, o sábio olhou para cima, refletiu e respondeu: 'o primeiro e maior inimigo do homem é ele mesmo; o segundo é o seu egoísmo; o terceiro é o seu orgulho; o quarto é a sua vaidade. E enquanto o homem se deixar dominar por esses inimigos, jamais será feliz'.

E por que não lembrar o ilustre sábio francês, Blaise Pascal? Ele dizia: "Enquanto o egoísmo perdurar no coração do homem, o mundo não terá paz".

ORGULHO, A LÁSTIMA HUMANA

SE O EGOÍSMO, segundo Allan Kardec (como está dito no capítulo anterior), é a maior chaga social, o orgulho não fica muito atrás. Até porque o orgulho é filho legítimo do egoísmo. Se o primeiro é chaga, o segundo é câncer. Se a generosidade é o oposto do egoísmo, a humildade é o oposto do orgulho. Jesus Cristo nos ensinou que o egoísmo e o orgulho são os dois maiores e letais inimigos do homem. São duas forças negativas que constituem os maiores obstáculos à conquista da salvação.

É impossível conquistar o céu com esses dois inimigos. Diria que esses dois adversários são os principais causadores da infelicidade humana, tanto que, em todos os atos da nossa vida, ambos estão presentes. São dois fantasmas que nos acompanham, passo a passo, porque estão alojados dentro de nós.

Todas as lições do Cristo de Deus foram no sentido de os homens se armarem e combaterem esses terríveis inimigos.

Conforme passagens do evangelho, Jesus teve oportunidade de lavar os pés dos apóstolos como exemplo da sua humildade e chegou mesmo a dizer "aquele dentre vós que quiser ser o maior, que seja o menor e servidor dos demais". Certamente ele quis dizer que a felicidade está no bem e na humildade. E que todos têm o direito de conquistar tais virtudes e serem felizes.

PRAZER MATERIAL
E PRAZER DA ALMA

TODO PRAZER MATERIAL é ilusório. É passageiro. Satisfaz o corpo e vai embora. E muita gente ainda acha que isso é felicidade, porque desconhece a real felicidade oriunda dos prazeres da alma.

Se perguntarmos ao materialista o que para ele é felicidade, responderá que a felicidade é ter saúde, riqueza, muitos amigos, muita bebida e muita comida e muito sexo, muito tudo; enfim uma vida sem limitações e fazer tudo o que quer, vida permissiva. É assim para ele, uma vida de contentamento, de plena felicidade. Será que essa é a verdadeira felicidade?

Em nosso entendimento, ser feliz é bem diferente. Parece que quem faz tudo o que quer, isto é, tudo que os instintos desenfreados desejam, não é feliz. Pode até possuir muita riqueza, muito poder, muito conforto, muita saúde, muita juventude e se julgar feliz.

E como a vida é uma caixinha de surpresas, e se de repente ele se transferir desta vida para o mundo espiritual? O que levará consigo deste mundo para o outro? Não levará nada que for daqui. Levará somente as perturbações das perdas dos bens que ficarem.

O desfrute dos prazeres do mundo, quando exagerado, pode até ser uma fuga. Uma fuga de quem está descontente com a vida. Fuga de criatura compulsiva. Como sua alma não está feliz, tem tudo nas mãos, mas falta-lhe sempre "uma coisa". Daí a insatisfação consigo mesma, a insegurança, a inquietação psíquica. Esse estado de espírito deixa a pessoa compulsiva. E, inconscientemente, ela procura fugir e ir pela porta dos usos e abusos de todos os prazeres que a vida possa lhe oferecer, sem limitações, sem disciplina, sem freio. Mergulha fundo no oceano dos prazeres da vida material e esquece os prazeres da alma.

Na visão espiritual da vida, as satisfações e prazeres do espírito consistem nas limitações, disciplina e abstenções de determinados prazeres da matéria. Isso é muito importante para que a alma viva bem consigo mesma. É assim que se é feliz. Os prazeres da matéria cansam o corpo e enfraquecem a alma. São ilusórios.

O mundo está muito permissível? Sim! Há muita libertinagem social? Sim! O mundo está muito convidativo? Sim! Mas tudo isso se prende à advertência do Cristo, convidando a sociedade a entrar pela porta estreita do mundo, que é a porta da redenção da alma, porque a porta escancarada é a da perdição do espírito. Geralmente, as pessoas que têm tudo nas mãos são vazias de espírito. Por aí se percebe que o homem não é feliz por culpa sua. Porque, às vezes, ele ainda não sabe o que realmente quer.

Os prazeres da matéria escravizam; os prazeres da alma libertam. Os prazeres da alma consistem, entre tantas outras coisas, em leituras de conteúdos construtivos, leituras que nos transferem de um astral sombrio, deprimente, pessimista, para um astral superior. Consistem também, e principalmente, na abstenção de vícios, aparentemente inofensivos, que conduzem a desequilíbrios;

vícios que muitas vezes achamos que fazem parte da nossa falsa felicidade, entre os quais fumos, drogas, álcool.

O prazer da alma está nos prazeres que enobrecem a vida.

NÃO GUARDE RESSENTIMENTOS

O ESPÍRITO JOANNA de Ângelis, protetora do médium Divaldo Franco, em seu livro *O homem integral*, afirma que o ressentimento é uma manifestação da impotência agressiva não exteriorizada.

É verdade. Pode transformar-se em um caldeirão de amarguras e desejo de vingança, se o mal não for disciplinado em tempo. Pode ser uma porta aberta para a depressão. Pode-se dizer que um indivíduo ressentido é cozinhado com fogo baixo. Uma pessoa ressentida pode comprometer a convivência com aquele ou aqueles que considera suas vítimas.

O ressentimento pode se transformar em ódio, caso não receba uma terapia adequada, no caso o perdão, dentro dos conformes do evangelho do Cristo.

Quando o ressentimento deságua no ódio, pode passar ao terreno das doenças ou patologias depressivas. E sem o ressentido se dar conta, ele pode ser perseguido pelos fantasmas do desprezo a si mesmo: medo de enfrentar os desafios da vida, amargura, desânimo, indiferença pela vida. Sente-se morrer devagar.

Segundo a mentora de Divaldo Franco, por trás das depressões quase sempre está o ressentimento disfarçado, uma mágoa muda. As pessoas ressentidas, magoadas, são uma caixinha de amarguras. São criaturas descontentes com a vida, azedas, que vivem uma espécie de calvário íntimo. São indivíduos infelizes. Mas podem reverter esse quadro com o exercício do perdão.

Isso faz lembrar aquela passagem do evangelho (Mateus, 5:7), em que o Cristo nos faz este convite: "Se perdoardes aos homens as faltas que cometerem contra vós, também vosso Pai Celestial vos perdoará os pecados; mas, se não perdoardes aos homens quando vos tenham ofendido, vosso Pai Celestial também não vos perdoará os pecados".

Vemos que nessa sentença evangélica o Cristo estabeleceu uma condição: quem perdoar será perdoado; quem não perdoar também não receberá o perdão de Deus.

É difícil perdoar uma ofensa nos conformes do evangelho? É, sim! Mas é justamente essa a terapia indicada para a cura das nossas mágoas, dos nossos ressentimentos. E das obsessões de todos os gêneros.

Quando ocorre o perdão incondicional, abre-se a porta da felicidade da alma. Curadas as feridas, vão-se as depressões, os encharques, o desprezo por si mesmo, as amarguras etc. E o ressentido volta a sorrir e a viver feliz.

O evangelho é o remédio que cura as feridas da nossa alma.

CULTIVE O HÁBITO DA PRECE

O ESPIRITISMO NOS ensina que a prece nos aproxima de Deus. Pela prece pedimos, agradecemos e louvamos. Pela prece podemos pedir por nós e pelos outros, encarnados e desencarnados. Preces para pedirmos conselhos aos bons espíritos; preces nas aflições e por favores espirituais e materiais recebidos; preces diante de perigos a que estamos sujeitos, agradecendo por havermos escapado etc.

Você talvez desconheça a famosa prece de Francisco de Assis, cujo valor espiritual deve-se ao fato de ela encerrar elevada substância cristã, que faz nascer a fé nos corações áridos e que fortalece aquele cuja fé ainda permanece duvidosa, mantendo também acesa a fé de quem já a possui. Vejamos que tesouro de prece:

ORAÇÃO DE FRANCISCO DE ASSIS.

Senhor! Faze de mim um instrumento da tua paz!
Onde houver ódio, faze que eu leve o amor,
onde houver ofensa, que eu leve o perdão,
onde houver discórdia, que eu leve a união,
onde houver dúvidas, que eu leve a fé,
onde houver erros, que eu leve a verdade,
onde houver desespero, que eu leve a esperança,
onde houver tristeza, que eu leve a alegria,

onde houver trevas, que eu leve a luz!
Ó Mestre! Faze que eu procure mais consolar, que ser consolado; compreender, que ser compreendido; amar, que ser amado. Pois é dando que se recebe, é perdoando que se é perdoado, e é morrendo que se vive para a vida eterna.

Seria um erro lamentável de nossa parte não colocar aqui outra prece bastante conhecida, a prece de Cáritas, psicografada pela médium Mme. W. Krill, em 25/12/1873 (noite de Natal), numa sessão espírita ocorrida na cidade de Bordéus, na França, inserida como apêndice em *O Evangelho segundo o Espiritismo*, de Allan Kardec na edição da Editora EME. Apreciemos, portanto, esta bela e substanciosa oração ditada pelo espírito Cáritas:

PRECE DE CÁRITAS.

Deus, nosso Pai, que sois todo Poder e Bondade, dai a força àquele que passa pela provação, dai luz àquele que procura a verdade, ponde no coração do homem a compaixão e a caridade. Deus! Dai ao viajor a estrela guia, ao aflito a consolação, ao doente o repouso. Pai, dai ao culpado o arrependimento, ao espírito a verdade, à criança o guia, ao órfão o pai. Senhor! Que a vossa bondade se estenda sobre tudo que criastes. Piedade, Senhor, para aqueles que vos não conhecem, esperança para aqueles que sofrem. Que a vossa bondade permita aos espíritos consoladores derramarem por toda parte a paz, a esperança e a fé. Deus! Um raio, uma faísca do vosso amor pode abrasar a Terra. Deixai-nos beber nas fontes dessa bondade fecunda e infinita e todas as lágrimas secarão, todas as dores se acalmarão. Um só coração, um só pensamento subirá até vós, como um grito de reconhecimento e de amor. Como Moisés sobre a montanha, nós vos esperamos com os braços abertos, oh! Poder, oh! Bondade, oh! Beleza, oh! Perfeição, e queremos de alguma sorte merecer a vossa misericórdia. Deus! Dai-nos a força de ajudar o progresso a fim de subirmos até vós, dai-nos a caridade pura, dai-nos a fé e a razão, dai-nos a simplicidade que fará das nossas almas o espelho onde se refletirá a Vossa Imagem.

Cremos que as duas preces acima podem mudar o estado de espírito de qualquer pessoa. São o sedativo, o alívio, o conforto espiritual dos aflitos, qualquer que seja a sua crença religiosa. São duas orações de caráter universal.

A DEPRESSÃO É UMA DOENÇA DA ALMA (I)

EMBORA OS MÉDICOS insistam em afirmar que a depressão é uma doença do corpo e, como tal, deve ser tratada com drogas, a verdade é que a depressão é uma enfermidade no espírito. Logo, remédio de laboratório é impotente para curar males da alma. Em alguns casos simples, a droga pode trazer um alívio breve, mas logo que passa seu efeito, a depressão retorna mais voraz.

Na antiguidade esse mal era conhecido com o nome de hipocondria; depois, recebeu novo nome de melancolia, e hoje em dia se chama depressão. É um dragão antigo com vestes novas, mas continua e continuará ainda por muito tempo como dragão.

A revista *Veja* da última semana de novembro de 2012 publicou uma extensa matéria sobre a depressão. Interessante! Somente aqui no Brasil atualmente registra-se a soma de cerca de quarenta milhões de depressivos. Sinceramente, é um número alarmante. Será que você, que está agora mesmo lendo este modesto livro, não está nesse meio? Em caso afirmativo, não seja tolo para se desesperar. Você precisa ser forte e raciocinar com otimismo.

Que esse mal não seja a causa da sua suposta infelicidade. Reflita sobre esta dica: o segredo para você ser feliz é saber suportar o que você considera infelicidade.

Esta é a regra de ouro. Talvez você nem seja um depressivo no verdadeiro sentido da palavra. Talvez você, vez ou outra, tenha lampejos depressivos, o que não quer dizer, literalmente, uma depressão.

Talvez você tenha adotado como hábito nocivo, recordar momentos ou ocorrências infelizes do passado. Mas, quem não já teve esses momentos em sua vida? Todos tivemos.

Entretanto, o mais importante é dissolvermos da mente essas imagens negativas e deprimentes que nos levam ao falso convencimento de que somos doentes da depressão. Nesses casos, não somos depressivos, mas imaginamos sê-lo, o que é bem diferente. Será que você não está nessa situação?

Sugerimos que você faça agora mesmo uma revisão reflexiva sobre esse seu estado de espírito, que tudo leva a crer ser ele meramente fruto da sua mente mal acostumada a pensamentos negativos. Admita que você pode ter cavado um fosso e talvez queira, inconscientemente, nele se afogar.

Lembre-se de que o poder da mente é simplesmente fantástico. Ela tem o poder de criar tudo com a aparência do real, mas que tudo não passa de apenas imaginário. Mas você pode reverter esse quadro. É que os males estão dentro de nós mesmos, mas a cura também está. Não se entregue ao mal de mãos atadas. Deus não deseja que isso aconteça. Estenda as mãos ao seu, ao nosso Pai Celestial, e peça-Lhe que lhe retire do fosso. Peça com fé fervorosa e faça a sua parte, utilizando-se destas forças da alma "fé, força de vontade, paciência, firmeza e perseverança", que o Pai lhe ajudará, com absoluta certeza.

A DEPRESSÃO É UMA DOENÇA DA ALMA (II)

A POPULAÇÃO DO planeta Terra no século dezenove, no ano 1855, era de um bilhão de habitantes; cento e vinte anos depois, em 1975, a população passou para três bilhões; e em dezembro de 2013, era de cerca de sete bilhões de habitantes. Estima-se que cerca de 15% dessa população é vítimas de depressão. Ou seja, o mundo terrestre navega no espaço infinito com mais de um bilhão de passageiros e tripulantes doentes de depressão. É simplesmente alarmante! Provavelmente, são espíritos reencarnados passando pelo processo de provas e expiações. Não há outra explicação.

Segundo os médicos especialistas em estudos e tratamento da depressão, o mal pode durar alguns meses, mas também pode durar anos e o depressivo pode até levar esse mal para o mundo espiritual e lá continuar por muito tempo. E, na futura reencarnação, voltar com ele.

É grande o número de espíritos desencarnados com depressão. Isso prova que a depressão não é uma doença do corpo, mas da alma. É um "estado de espírito", que se estende além da morte. Daí se dizer que criaturas desencarnadas portadoras de depressão podem gerar depressão nas pessoas vivas, que se acham predispostas ao mal.

O médium Divaldo Franco, em uma de suas palestras, contou um caso bastante interessante. Um cidadão argentino, embora casado, apaixonou-se por uma jovem de cabaré. Após o rompimento do relacionamento, a jovem ausentou-se do país. Inconformado com a separação, o dito senhor continuou frequentando os cabarés de Buenos Aires na esperança de reencontrar sua amada. Esperança frustrada. Desenganado, ele começou a se afogar no poço profundo da depressão. Triste, acabrunhado, perdeu o gosto pela vida. Medo, insegurança, desânimo, desprezo por si mesmo e ideias de suicídio envolveram-lhe a alma impiedosamente. E nesse nefasto estado de espírito, de repente desencarnou.

Algum tempo depois, a jovem retorna a Buenos Aires e toma conhecimento da tragédia. Ela, que também o amava, ficou arrasada com a notícia. Para consolo de sua alma, procurou o apoio do espiritismo. Converteu-se e fez mudança radical em sua vida. Jovem ainda, foi adotada por casal de posses. Anos depois casou-se com um jovem e dessa união, mais tarde, teve o seu primeiro filho, um garoto muito bonito, mas também muito triste. Apesar de cercado de carinhos e atenções dos pais e avós, a criança mostrava-se melancólica, com raras demonstrações de alegria.

Segundo Divaldo, aquela criança triste e amargurada era o ex-amante da jovem, que por ela havia se apaixonado no passado, nos cabarés de Buenos Aires. Ele voltou como seu filho bem amado.

Como vemos, neste caso ilustrativo, o senhor-amante levou sua depressão para o mundo dos espíritos, e lá, embora por pouco tempo, não conseguiu se recuperar do mal, reencarnando com a mesma depressão, a fim de que sua ex-amante, hoje mãe, pudesse ajudá-lo a se recuperar dessa enfermidade.

Mas a depressão, como qualquer outra doença do espírito, tem cura. A cura começa logo que o depressivo, com firme vontade e ânimo seguro, toma a decisão de travar uma batalha contra o mal. Isso se chama fazer a sua parte.

Porque da forma que os problemas, em sua grande maioria, têm suas raízes dentro do próprio indivíduo, as soluções também nascem dentro do próprio homem.

A segunda decisão que o depressivo deve tomar é se dispor ao trabalho da caridade em favor dos sofredores, se dedicando à recuperação dos aflitos da alma e do corpo, não só dos irmãos da sua crença, mas dos sofredores em geral porque a caridade não tem designação religiosa.

Fazer o bem faz muito bem à alma. Fazer o bem sem olhar a quem, além de "apagar uma multidão de pecados", como asseverava Jesus, também elimina os conflitos do espírito.

O bem é a melhor terapia para as depressões, para as ansiedades, para as neuroses e demais manias psicóticas. A meditação evangélica, as preces e a mudança na maneira de pensar, sentir e agir, que corresponde a uma boa visão espiritual da vida, essa é a terapia indicada para todos os gêneros de depressão, além de ser, simultaneamente, profilaxia ou medida preventiva contra futuros males da alma.

Quem estiver, psicologicamente, acorrentado por depressões, ansiedades, conflitos emocionais e supostas doenças nervosas, procure o apoio do espiritismo. Passe a frequentar um centro espírita e siga as orientações doutrinárias, integre-se ao trabalho caridoso em favor dos necessitados. E faça uma autoavaliação dessa sua nova decisão e desfrute do seu reequilíbrio espiritual. Não tem segredo e é simples.

NÃO SE PERMITA ENVENENAR PELO DESÂNIMO

O CÉLEBRE ESCRITOR e romancista francês, Honoré de Balzac, contemporâneo de Allan Kardec, costumava dizer que o homem começa a morrer quando perde o gosto pela vida. É a maior verdade! Pode-se até mesmo afirmar que o homem desanimado é apenas meio homem. O desânimo é uma espécie de castração espiritual que impede o homem de conseguir realizar grandes coisas. Na realização de qualquer coisa na vida é preciso um pouco de entusiasmo. Sem o fogo do entusiasmo não conseguiremos alcançar os nossos objetivos, quaisquer que eles sejam: materiais, morais ou mesmo espirituais.

Não é difícil perceber que há pessoas que facilmente se permitem envolver por filosofias pessimistas. São filosofias desencorajadoras, porque castram o bom ânimo das criaturas e as tornam derrotistas. E sem se darem conta do mal, pouco a pouco vão se escravizando à cadeia sem grades do pessimismo. Esse é o perigo! Parece que uma boa parte das pessoas sofre desse mal.

Isso faz lembrar, do livro *Lindos casos de Chico Xavier*, II volume, o caso sobre O lavrador e a enxada. Conta que o famoso médium Chico Xavier, de uma feita, caminhava para trabalhar na Fazenda de Criação do Ministério da Agricultura e, no percurso, meditava sobre os trabalhos de mediunidade e atendimento aos necessitados da noite anterior. As exigências do povo eram muitas e o que fazer para se equilibrar nas tarefas de atendimento aos sofredores? Uns pediam socorro; outros, rogavam consolação para seus males; alguns reclamavam esclarecimentos doutrinários; ateus e materialistas insistiam pela obtenção da fé e tantos outros problemas.

Quando Chico já curvava a cabeça desanimado, aparece-lhe o espírito Emmanuel e aponta-lhe um quadro a pequena distância. Era um agricultor ativo, manejando uma enxada sob o calor do sol nascente. Disse o espírito ao médium:

– Reparou? Manejada pelo agricultor, a enxada apenas procura servir. Não pergunta se o terreno é seco ou molhado; se vai tocar o lodo ou ferir-se entre as pedras... Não indaga se vai cooperar em sementeira de flores, batatas, milho ou feijão. Obedece ao lavrador e ajuda sempre.

Logo depois, o espírito Emmanuel fez uma pausa e considerou:

– Nós somos a enxada nas mãos de Jesus, o Divino Semeador. Aprendamos a servir sempre, sem indagar.

E Chico Xavier, tocado pelo ensinamento, experimentou iluminada renovação interior e disse:

– É verdade! O desânimo é um veneno.

– Sim – concluiu Emmanuel – a enxada que foge à glória do trabalho, cai na tragédia da ferrugem. Essa é a lei.

O benfeitor espiritual despediu-se e Chico abraçou o trabalho, naquele dia, de coração feliz e alma nova.

Você, caro leitor, deseja saber o remédio para o desânimo? Permita-me passar a palavra ao escritor espírita, Torres Pastorino, em seu livro *Minutos de sabedoria*.

"Aprenda a começar e a recomeçar! Não se deixe arrastar pela indiferença: se caiu, levante-se e recomece. Se errou, erga-se e recomece. Se não consegue dominar-se, firme sua vontade e recomece. Não desanime jamais! Talvez chegue ao fim da luta com cicatrizes, mas estas se transformarão em luzes diante do Pai todo compassivo. Seja alegre e otimista!

Vejamos agora a importância do trabalho como terapia para todos os casos de depressão e desânimo. Mais uma vez, com a palavra, Pastorino:

> Quando se dirigir ao seu trabalho, faça-o de coração alegre. O trabalho que você executa é digno de sua pessoa. Por menor que pareça, é de suma responsabilidade para você e para o mundo. Não se esqueça jamais de agradecer a Deus o trabalho que lhe proporciona o pão de cada dia. Chegue ao local de trabalho com o coração feliz e o trabalho se tornará um passatempo, um estimulante, que lhe trará, cada novo dia, imensas alegrias e felicidade incalculável. Como é bom sentir a vida!

LEMBRE-SE DE JESUS

NÃO É PRECISO ser clarividente para perceber que o clima espiritual do planeta está muito pesado. O caos paira no ar. A humanidade está muito tensa. É como se algo de ruim, de trágico, estivesse para acontecer e causar sérios problemas aos seres humanos, sem que esse fato seja interpretado como "fim de mundo", "juízo final" ou coisa do gênero. Absolutamente! Parece que a espécie humana, mais hoje do que no passado, vive momentos de terríveis perturbações, de dúvidas, sem saber ao certo que decisões e que rumo tomar.

O caos, o vazio, são sentidos de forma quase universal. Essa é a razão, ao que parece, que tem levado as criaturas a buscarem fugas de todos os tipos, como se fosse uma compensação à negra situação que se agrava, de acordo com o mundo permissivo em que vivemos, mais liberal, em que as pessoas podem dizer tudo, fazer tudo, porque tudo foi liberado. E o pior é que as criaturas confundem liberdade com libertinagem, que são coisas bem diferentes.

Se a primeira é com disciplina, a segunda é sem disciplina, imoral, indecorosa, é, enfim, a porta escancarada de que fala o Cristo em seu evangelho. A liberdade com disciplina ética-moral representa a porta estreita do evangelho, a porta da libertação espiritual. A libertinagem representa a dita porta escancarada, a porta da perdição da alma.

O caos atual, para as criaturas não espiritualizadas, parece conduzi-las às fugas. Fugas pelos vícios em geral, notadamente por meio do alcoolismo, sensualismo, drogas, sexualidade irresponsável e outros similares, prejudiciais à saúde da alma e do corpo.

Diante desse fato não há outra conclusão a tirar senão a de que as criaturas deram as costas ao Cristo. Que, sem a menor dúvida, entre as duas portas simbólicas do evangelho, a escancarada e a estreita, a opção foi pela primeira, a da perdição do espírito. Jesus foi abandonado. Os interesses e as preocupações das criaturas estão tão centralizadas nos quefazeres e prazeres da vida material, que elas podem até se exculparem, alegando que não têm tempo para o Cristo, isto é, tempo para cuidarem da parte espiritual da vida. E de repente, de surpresa, partem desta vida para o mundo espiritual. E aí?!

Transcrevo uma nota espiritual, bem adequada às pessoas apressadas, agitadas, estressadas, que não têm tempo para nada. Saboreemos esta beleza de mensagem extraída do Jornal Espírita Allan Kardec, edição de novembro de 2012.

> Quando você se levantou pela manhã, eu já havia preparado o Sol para aquecer o seu dia e o alimento para a sua nutrição. Sim, eu providenciei tudo isso enquanto vigiava e guardava o seu sono, a sua família e a sua casa. Esperei pelo seu 'bom dia', mas você se esqueceu... Bem, você parecia ter tanta pressa que perdoei. O sol apareceu, as flores deram o seu perfume, a brisa da manhã o acompanhou e você nem pensou que eu já havia preparado tudo para você. Seus familiares sorriam,

seus colegas o saudaram, você trabalhou, viajou, realizou negócios, alcançou vitórias, mas... Você não percebeu que eu estava cooperando com você e mais teria ajudado se você me tivesse dado uma chance... Eu sei, você corre tanto... Eu perdoei. Você leu bastante, ouviu muita coisa, viu mais ainda e não teve tempo de ler ou ouvir a minha palavra.

Eu quis falar, mas você não parou para ouvir. Eu quis até aconselhar, mas você nem pensou nessa possibilidade. Seus olhos, seus pensamentos, seus lábios seriam melhores. O mal seria menor e o bem seria muito maior em sua vida.

A chuva que caiu à tarde foram as minhas lágrimas por sua ingratidão, mas foram também a minha bênção sobre a terra para que não lhe falte o pão e a água. Você trabalhou, acumulou patrimônio, que não foi mais porque você não me deixou ajudar. Mais uma vez você se esqueceu de que eu desejo a sua participação no meu reino, com a sua vida, seu tempo, seus talentos e seu dinheiro também.

Findou o seu dia. Você voltou para sua casa. Mandei a lua e as estrelas tornarem a sua noite mais bonita para lembrar o meu amor por você. Certamente, agora, você vai dizer um "obrigado" e "boa noite". Psiu... Está ouvindo? Já dormiu. Que pena! Boa noite, durma bem. Eu fico velando por você. JESUS.

VOCÊ SONHA EM TRANSFORMAR O MUNDO?

HÁ PESSOAS DE imaginação muito criativa. Vivem de sonhos. São tão fantasiosas que parecem flutuar nas nuvens. E porque não usam a razão, correm o risco de serem vítimas de desencantos. Infelizmente ainda pensam que podem mudar o mundo, sem fazer sequer o mínimo para mudar a si mesmas. Esquecem que a mudança do mundo começa pela mudança de cada um. O planeta Terra está em densa escuridão. Se quisermos que ele fique luminoso, alguém terá de primeiro acender a sua lâmpada, as demais se acenderão umas após as outras. Somente assim o mundo se transformará em um mundo de paz.

Quase sempre as pessoas que querem transformar o mundo parecem ter se desiludido. Decepcionadas, certamente desfiguraram sua visão do mundo, das outras pessoas e da vida e assim perderam o encanto, o prazer de viver e a confiança em si e nos outros. Quem sabe se também não se transformaram em baús de azedume, de amarguras, de ressentimentos e mágoas, que são forças negativas da alma? Quem se acha envolvido nesse péssimo estado de espírito, com certeza não vive bem. É infeliz por culpa própria. Geralmente as pessoas assim, decidiram-se a ser assim. E daí, quase sempre, emerge outra força negativa do espírito, nada mais nada menos que a autopiedade. Isso gera uma emoção muito ruim.

Mas todo esse quadro de forças negativas da alma pode mudar, se você quiser. Se o mal nasceu dentro de você, dentro também está a solução. É só aprender a substituir as passagens psíquicas doentes e perturbadoras por paisagens saudáveis, que geram prazer e bem-estar espiritual. Mas é preciso dar início a esse processo, lento mas contínuo.

Para se chegar a esse objetivo, possível a qualquer criatura em tal estado de espírito, é bom cultivar as forças positivas da alma: fé, vontade, paciência, firmeza e perseverança. Diria que essas forças são os poderes turbinados do espírito.

Não se deve perder o gosto pela vida! Como é prazeroso viver a vida!

Há pessoas muito sensíveis aos revezes da vida, mesmo os infortúnios mais leves as abalam demais. Talvez sejam provações pelas quais elas mereçam passar, a fim de se tornarem mais amadurecidas para a vida. Porém, ao invés de procurarem uma maneira mais simples, mais paciente e mais calma de resolver os problemas, se revoltam e às vezes desabam em desespero. E aí ficam nervosas, azedas, agressivas e até violentas.

Esquecem que esse tipo de reação não leva a nada, apenas complica as coisas. Não se lembram que as provações da vida pedem paciência e resignação. Tudo passa e tudo se resolve com calma. O ditado popular diz que "prudência, calma, paciência e caldo de galinha não fazem mal a ninguém". É a maior verdade!

O que resolve não é dar as costas aos problemas, como se eles não fossem nossos. Ou mesmo aguardarmos que eles sejam solucionados por outras pessoas. Esses procedimentos são infantis, não passam de fantasia de pessoas psicologicamente imaturas. O mais importante é enfrentar as situações difíceis olho no olho, com maturidade e, assim, veremos que os problemas não são tão graves como imaginamos.

Os bons profissionais da psicologia lembram, e em boa hora, que quando estamos frente a frente com as dificuldades não valem discussões acaloradas, agressivas, ou até a troca de ofensas, mas o diálogo com as emoções sob o controle da razão. Isso é o que se pode dizer vivenciar o real, e não a utopia, o fantasioso.

Se temos o sonho de mudar o mundo, precisamos lembrar que as transformações se iniciam no interior de cada criatura.

SEJA UMA PESSOA ALEGRE

EU NÃO SEI se há mais vantagem em estarmos sempre alegres ou sempre tristes. Com certeza, para o bem da alma e do corpo, a primeira opção é a mais acertada. Isso vai depender, a meu ver, do hábito e das decisões que você tomar. Se você quiser viver sempre alegre (sem artifícios ou fantasias) ou viver sempre triste, a decisão é unicamente sua.

Ora, se analisarmos direitinho veremos que temos mais motivos de viver mais alegres do que tristes. Problemas, dificuldades, provações, revezes, infortúnios, frustrações, desencantos? Quem não os têm? Porém, devemos convir que tristeza não resolve problema algum. A tristeza quando se agrava pode se transformar em depressão. A tristeza é o resultado de uma alma doente, sem iniciativa, amargurada, abatida e vulnerável a atrair outros tantos incômodos espirituais.

A alegria, que é o oposto da tristeza, traz benefícios salutares para emoções desequilibradas, para os estresses, amarguras e melancolias de todos os gêneros. Enfim, a alegria é remédio para as almas que se sentem vencidas pelo desânimo.

A alegria é uma emoção construtiva. "Aquele que tem o coração alegre está sempre em festa". (Provérbios: 15:15). É verdade!

Parece que a alegria ou a tristeza são resultantes da visão espiritual de cada pessoa, da maneira de ver a vida. Cultivar uma filosofia otimista e ver e viver segundo essa filosofia são a chave do mistério de saber viver. Esse raciocínio nos faz lembrar a bela e substanciosa frase do Cristo em seu evangelho: "Se teus olhos forem bons, todo o teu corpo viverá em luz; mas, se teus olhos forem maus, todo o teu espírito viverá em trevas".

A tristeza é uma emoção venenosa. Infeliz é aquele que se permitiu envenenar por ela. A alegria sadia é o antídoto desse terrível veneno. A tristeza envelhece o espírito e o corpo. É uma emoção que mata devagar, cozinha com fogo brando. Diria que a raiva mata, enfarta, produz o chamado AVC. E as três forças negativas da alma que cozinham com fogo baixo são a tristeza, o ciúme e a inveja. Feliz é a alma que ainda não experimentou esses corrosivos destruidores.

Como é bom viver a vida sem o vírus da tristeza!

CUIDADO, A OBSESSÃO PODE LHE FAZER INFELIZ!

VOCÊ, CARO LEITOR, pode não saber o que é obsessão.

Obsessão é o assédio que um ou mais espíritos desencarnados podem exercer sobre algumas pessoas, com intenção de dominá-las e conduzi-las ao mal.

Os bons espíritos jamais exercem influência maléfica sobre as pessoas. As entidades que assediam recebem no espiritismo o nome de obsessores. Mas não são os demônios ensinados pelas igrejas. Eles são frequentemente, na visão espírita, os espíritos dos homens que viveram aqui no corpo, foram injustiçados e depois da morte passaram a perseguir seus antigos algozes que lhes cometeram injustiças e agora se transformam em suas vítimas.

Uns perseguem por vingança; outros, por afinidade de hábitos ou de caráter. Quer dizer: se quando encarnados eram viciados, agora desencarnados seguem viciados e alimentam seus desejos com os homens também dependentes de drogas. É a chamada obsessão por afinidade de vícios. Os viciados encarnados atraem seus iguais desencarnados. Isto é obsessão.

Os vícios são portas abertas à obsessão. Todo usuário de droga é um obsidiado em potencial. Recordo Bezerra de Menezes, que diz ser "a obsessão nada mais nada menos do que a troca de vibrações afins". Ele quis dizer que os dependentes químicos encarnados atraem seus colegas desencarnados e, como são afins, se nutrem dos mesmos vícios na redoma da recíproca.

Allan Kardec, desdobrando os estudos sobre as diversas obsessões, afirma em suas obras existirem cinco tipos de obsessão: de desencarnados para encarnados; de encarnados para desencarnados; de encarnados para encarnados; de desencarnados para desencarnados, e por último, a auto-obsessão. Esta consiste em o indivíduo (encarnado ou desencarnado) se permitir escravizar por uma ideia fixa infeliz, que lhe gera uma atmosfera espiritual doentia, perturbada e perturbadora.

As obsessões entre os encarnados consiste em, por exemplo, marido ciumento atormentar a esposa, e vice-versa, e se um ou outro desencarnar, pode continuar obsidiando de lá para cá; mães neuróticas obsidiando filhos por exagero de zelo, por excesso de domínio, querendo controlar todos os passos deles.

Também nesse quadro de obsessões entre vivos existem os casos de pessoas dominadoras, possessivas, e pessoas morbidamente dependentes, que se deixam escravizar e até se comprazem em serem dominadas e possuídas, e tantos outros casos similares que caracterizam as chamadas obsessões de encarnados para encarnados (obsessões entre vivos).

Há também na classificação entre desencarnados para encarnados, além dos casos de vingança, de acertos de contas, há espíritos enfermos, que não se conformam com a sua desencarnação e, doentes, perturbados, voltam para dentro dos seus antigos lares para perturbarem a família. Não o fazem por maldade, mas porque ainda não se adaptaram à vida espiritual. Sentem saudade dos seus familiares e querem ficar ao lado deles. É também obsessão sem intenção de fazer o mal.

Nesses casos, os desencarnados passam para seus familiares, em forma de vibrações, emoções de tristeza, amargura, desânimo, falta de fé, desgosto e tantos outros sentimentos que caracterizam um estado de espírito verdadeiramente deplorável: depressão.

Nesses casos, quando um dos familiares recebe o maior peso dessa influência e chega mesmo a adoecer, o médico dá o diagnóstico de depressão. Realmente, todos os sintomas são de depressão. Porém, o causador do mal é o espírito de alguém da família, que desencarnou mas não desprendeu-se do mundo dos encarnados, ou seja, despiu-se do corpo material, mas continua apegado a tudo o que antes lhe pertencia.

Uma vez que a depressão dessa pessoa é causada pelo familiar desencarnado enfermo, ela deixará de existir quando o espírito se tornar consciente (pela doutrinação nas sessões de desobsessão) e se afastar da companhia do obsidiado, ao mesmo tempo em que este (o obsidiado) receber a terapia da medicina espírita, por meio de passes e das reuniões públicas, com preces em favor do familiar desencarnado.

O espírito doente e causador do problema foi curado e a obsessão/depressão sumiu. Quantas pessoas não existem doentes de depressão, quando, na verdade, o caso é de obsessão?

Será que você, caro leitor, não está sendo vítima de uma obsessão, com o nome de depressão? A sua melancolia, o seu desânimo, a sua amargura, o seu desgosto pela vida, seu desprezo por si mesmo, sua solidão, sua tristeza, podem ser causadas por alguém doente, invisível. Os espíritos podem fazer muito mais do que se possa imaginar. Frequentemente, são eles que nos dirigem. Essa é a resposta que os espíritos superiores deram a Allan Kardec, em *O Livro dos Espíritos*.

Cuidado! A obsessão pode infelicitar a nossa vida.

CUIDADO COM SUA IMATURIDADE PSICOLÓGICA

EM CONVIVÊNCIA COM as pessoas (porque só assim as conhecemos melhor) percebe-se que muitas criaturas são naturalmente exigentes, ingratas e rebeldes. Essas qualidades sugerem sinais de personalidades imaturas que, infelizmente, ainda não acordaram para a realidade da vida. Parecem ter receios de assumir compromissos e, frequentemente, manifestam comportamentos infantis ou levianos. No fundo, não são pessoas propriamente más, contudo, não deixam de causar um certo desconforto aos que com elas convivem.

Criaturas que possuem esse traço psicológico precisam superar essas pequenas falhas do caráter, adentrando-se pelo conhecimento de si mesmas. Ao tomarem essa decisão encontrarão inicialmente algumas barreiras de obstáculos, mas, todos são naturais, pois, toda reforma ou mudança íntima requer sacrifícios. Senão, não há méritos. Essas são as mudanças libertadoras, a fim de que o indivíduo encontre-se a si mesmo. E assim, conquistará o seu amadurecimento psicológico.

Isso significa dizer que todo indivíduo que consegue o império de si mesmo, o domínio dos seus impulsos, dos seus instintos, das suas emoções, é candidato a uma vida tranquila e feliz. Esse é o segredo.

Voltamos a afirmar que Deus não nos criou para sermos seres infelizes. Absolutamente! A infelicidade humana é criação do próprio homem, que ainda não aprendeu a governar a si mesmo. Veja-se que, metaforicamente falando, se o mundo fosse um gigantesco circo, o espetáculo que ele nos apresentaria seria o de que os homens são vítimas deles próprios, quase todos ainda se comportando, mutuamente, dentro do círculo vicioso do egoísmo, do orgulho e das tolas vaidades. Esse é o retrato espiritual do homem moderno, chamado de civilizado.

Os estudiosos da psicologia humana aconselham que as criaturas psicologicamente imaturas, para superar essa condição, devem se interessar pela leitura de bons livros, obras que levantem o emocional e o espiritual; que busquem a convivência de pessoas espiritualmente maduras, com as quais possam manter diálogos de subido valor moral-espiritual. Sugerimos as obras espíritas, que são consoladoras, esclarecedoras e libertadoras.

E, como terapia de apoio, pode-se exercitar algumas pequenas regras de autossugestão, tais como, por exemplo: a cada dia consigo mais império sobre mim mesmo; exercito melhor a fé, a vontade, a paciência, a firmeza e a perseverança; cultivo melhor a disciplina dos pensamentos negativos, que antes me faziam agir como criança deseducada; já cultivo o hábito de tomar decisões firmes e adequadas ante os problemas pessoais, familiares e profissionais; já consigo controlar a minha vida com equilibrada disciplina dos pensamentos; já exercito mentalmente a coragem de enfrentar as situações difíceis da vida. E assim sucessivamente.

Esses exercícios autossugestivos ou outros similares são portas que se abrem para uma mudança na maneira de pensar, sentir e agir das pessoas psicologicamente imaturas. Pode até dizer a si mesmo: Deus está comigo e me ajuda a conquistar a minha paz interior, a minha felicidade, porque agora sou uma pessoa espiritualmente madura.

TENHA CUIDADO COM A RAIVA

TODA A NOSSA vida exterior depende, basicamente, de nossas atitudes mentais. A raiva é uma emoção negativa. Pode matar. Conheci diversas pessoas que morreram de raiva. Como força negativa da alma, pode causar enfarte e AVC, enquanto a inveja e o ciúme, embora também forças negativas da alma, não são fulminantes, mas cozinham o indivíduo em fogo brando. Elas causam choques periódicos, matando a longo prazo. Se não tomarmos, urgentemente, uma firme atitude mental contra tais inimigos, perderemos o império sobre as emoções. As consequências podem ser desastrosas.

A raiva, o ciúme e a inveja, assim como tantas outras forças negativas do espírito, somente podem ser superados com forças positivas opostas. Que tal exercitarmos a arte psicológica de substituir emoções negativas por positivas?

Exemplo: o antídoto da raiva é a calma; da inveja e do ciúme é o desprendimento; do ódio é o amor; da vaidade é a modéstia; do egoísmo é a caridade; do orgulho é a humildade; e assim por diante.

Há pessoas que são naturalmente calmas, brandas como as ondas de um imenso lago, já outras são naturalmente coléricas, agitadas como as ondas de um oceano revolto. As primeiras certamente já trabalharam aquelas qualidades em suas existências passadas e estabilizaram o hábito de ser naturalmente brandas; já as segundas precisam iniciar o trabalho de mudanças hoje mesmo, a fim de, em suas reencarnações futuras, tornarem-se calmas.

Como vemos, o fim ou a meta de todos os seres humanos é a felicidade plena, que, segundo a filosofia espírita, não se conquista em apenas uma existência, mas em dezenas de centenas delas. Isso significa que o homem não recebe de Deus a oferta da "graça" da felicidade, ele conquista esse tesouro cujas sementes estão dentro de sua própria alma. É aquele paraíso que o Cristo lembrou aos fariseus de sua época: "O reino de Deus está dentro de vós".

Na tentativa de conquistar esse reino celestial, o homem deve primeiramente conhecer a si mesmo. É a chave da porta de entrada para se descobrir esse tesouro. Mas, para encontrá-lo, o homem deve vencer-se a si mesmo e substituir todas as qualidades negativas do caráter pelas virtudes. Ele precisa eliminar um mal moral e pôr uma virtude em seu lugar. Isso quer dizer que ódio, rancor, vingança, raiva, inveja, ciúme, egoísmo, orgulho, avareza e demais paixões que escravizam o homem à condição de espírito inferior, não têm vez no Reino de Deus.

Não esqueçamos que a raiva é uma das mais poderosas adversárias do homem. Uma pessoa irada diz e faz o que não deve, porque não tem controle das emoções. O homem em crise de cólera quase sempre se arrepende do que disse e do que fez. Disse e fez sob o impulso caloroso da emoção. Em seguida, vêm o arrependimento e a culpa. Alguém já disse que palavra dita, pancada dada, leite derramado, flecha atirada e oportunidade perdida são irrecuperáveis.

Parece que existem dois tipos de pessoas: as que pensam antes de dizer e fazer e as que dizem e fazem para pensar depois. As primeiras têm juízo; as segundas parecem ser insensatas. Quando paramos para analisar a figura do homem, em seu perfil psicológico-moral-espiritual, não hesitamos em dizer que o ser humano é muito complicado, mas está em evolução e marcha para conquistar a sua felicidade plena.

Ainda falando da raiva, parece que quando um indivíduo está irado, sua pressão arterial se descontrola, fato que o torna vulnerável ao enfarte e ao derrame cerebral, sem se falar na sobrecarga de adrenalina injetada na corrente sanguínea. A cólera compromete a saúde do corpo e da alma. A calma estabiliza a harmonia do espírito e do corpo.

CULTIVE A SIMPATIA NATURAL

SEJA NATURALMENTE SIMPÁTICO. Evite o pedantismo. Evite a simpatia artificial. Cultive a simpatia sem artifícios, para que seja sincera, sem a menor preocupação de agradar ou desagradar alguém. Seja sincero, franco e leal. Concordando ou discordando, não se esqueça de manter a calma, a serenidade natural, sem artifícios.

Sorrisos nervosos também podem ser evitados. Tudo que se edifica em cima de artifícios é bola de neve, é vazio. Há sorrisos zombeteiros e sarcásticos, irritantes. Mas volto a dizer que um sorriso espontâneo, sincero, verdadeiro, é muito bom no relacionamento com os nossos semelhantes.

Mas se você, com vistas a ser simpático, rir por tudo e por nada, isso também não é aconselhável, porque vão dizer que você anda meio "aluado". Ainda bem que você é uma pessoa de bom-senso e sabe manter o equilíbrio das situações. E não pode esquecer que as atitudes mentais são as responsáveis pelo equilíbrio e harmonia da sua vida exterior.

Muitas vezes nos aborrecemos porque as pessoas não sorriem para nós. Mas como nos aborrecermos, se nós também não sorrimos para ninguém? É verdade que há pessoas naturalmente fechadas, de cara amarrada e outras que são naturalmente sorridentes, algumas vezes até com exagero, mas podemos sugerir que os exageradamente carrancudos sejam mais simpáticos, e os exageradamente sorridentes sejam menos assim. Isso, portanto, para lembrar que a virtude está no meio termo das situações radicais.

Analisando melhor, isso não quer dizer que as pessoas de semblante fechado sejam sérias, confiáveis, austeras. Podem ser tudo isso e muito mais. Mas podem não ser. Porém, os indivíduos simpáticos, sorridentes, podem também possuir essas qualidades e serem virtuosos. O homem é um ser bastante complicado e de difícil julgamento. Pode ser que as pessoas de semblante amarrado sejam "as eternas preocupadas".

O segredo é você ser uma pessoa naturalmente simpática, agradável, tratável, sem artifícios, sem maneiras estudadas, sem modos previamente planejados. Isso é caráter. Faz bem à alma e ao corpo. É melhor do que ser uma pessoa eternamente tensa, infeliz, pronta para o ataque.

Não esqueça que a sua meta, a minha e a dos outros, é sermos felizes. A decisão é nossa.

TENHA CUIDADO COM AS PREOCUPAÇÕES

VOCÊ, MEU AMIGO, cultiva o mau hábito das preocupações? Ou você anda ocupado em suas atividades? As preocupações, ao lado da inveja e do ciúme, geram sérios desgastes no espírito e na matéria. Essas três forças negativas cozinham suas vítimas em fogo baixo.

É inegável que existem determinadas situações difíceis que justificam as preocupações, mas logo que as crises passem tudo deve voltar ao normal. Entretanto, parece que há criaturas que já estão tão habituadas às suas preocupações, que se preocupam com tudo e por nada. São eternas preocupadas. Parece até que se comprazem em suas preocupações.

Elas não se dão conta de que as preocupações excessivas podem se tornar uma patologia. Uma doença da alma. Daí se dizer que existem duas espécies de preocupações: as normais, do cotidiano, que estão sob o controle da vontade, e as anormais, doentias, patológicas, que deixam suas vítimas fora da realidade.

Ocupe o espaço da sua vivenda mental com ocupações intelectuais saudáveis. Essa receita, tão simples e ao alcance de todos, afugenta os fantasmas das preocupações doentias, desnecessárias.

Parece que as preocupações têm conexão com a ansiedade. Não é tão difícil perceber que as pessoas que cultivam o hábito das preocupações são também muito ansiosas, irrequietas, nervosas.

Esse estado de espírito de baixo nível pode ser evitado. Para isso é preciso que a vítima se conscientize do mal e decida-se a fazer uma mudança. Quando esse primeiro passo é dado, a vítima logo sentirá que seu nível emocional se eleva. A regra é expulsar da mente as ideias e imagens preocupantes e substituí-las por ideias e imagens sadias. Isso porque a maioria das preocupações que a vítima alimenta não tem cabimento, são infundadas, ou são próprias de uma mente enferma, mal acostumada às preocupações doentias.

QUERER É PODER!

Parte 2

Não se deixe vencer pelo desânimo
(Terapia pelo Evangelho)

NÃO PENSE EM FRACASSO

TODO MUNDO SABE que todas as conquistas humanas pertencem somente àqueles que acreditam triunfar. Esse fato se dá em todos os setores da vida. Vencem os que acreditam em vencer. Fracassam os que acreditam em fracassar. Os desanimados, quando partem para as conquistas, já o fazem pensando no pior. É justamente aí que se inicia o fracasso.

Quando mentalizamos o mal estamos abrindo espaço para sermos escravizados por ele. Quando pensamos no bem, este vai nos envolvendo devagar e sutilmente. Em toda e qualquer circunstância, devemos sempre esperar o melhor. É aí que impera a força do pensamento positivo.

Essa regra simples é calmante para as situações de desespero e alimento para nossas esperanças, em conseguirmos as coisas que nos farão bem.

Há pessoas que acreditam ser predestinadas ao fracasso. Tudo que planejam realizar, de começo já se sentem desestimuladas, porque acreditam na lenda da má estrela. Consideram-se vítimas do azar.

Não estaria aí a raiz dos seus fracassos? Tudo que planejam realizar dá errado. Talvez sejam indivíduos inaptos para determinados empreendimentos. Também devemos avaliar esse aspecto. Talvez precisem se autoanalisar.

Por outro lado, há outras pessoas que têm muita facilidade para os sucessos. São como a lenda do Rei Midas, que tudo em suas mãos se transforma em ouro. Mas tais criaturas, também com muita facilidade, desperdiçam tudo. Diria que são indivíduos que, desajuizadamente, dão um passo para frente e uma carreira para trás.

A conclusão é que a má estrela dessas criaturas, que as conduz a um fracasso atrás do outro, reside em sua incapacidade de administrar os seus próprios pensamentos. Se não administram bem o seu interior, não podem bem administrar o seu exterior. É raciocínio lógico.

É interessante lembrar que o fator fé é fundamento básico em todas as realizações do homem, tanto no aspecto de reforma do seu caráter, sempre com mudanças para melhor, quanto no aspecto material, dando-lhe maior segurança em suas realizações.

Diríamos que a fé religiosa é de grande importância em nossa vida. Mas a fé humana, aquela que consiste em acreditarmos em nossas capacidades, em nossas forças internas, nos poderes que Deus nos concedeu, esta fé também é importante. É indispensável nas conquistas do nosso bem-estar social, já que todos nós somos espíritos reencarnados e, portanto, filhos de Deus e com o direito de, com a nossa inteligência, tornarmos a nossa existência cada vez melhor, sobretudo mais pródiga em termos de espiritualidade, que independe de crença religiosa.

Vamos contar um caso de sucesso material, mas que pode ser aplicado como modelo nas mudanças que podemos fazer em nossa vida emocional, no sentido de que temos todas as condições psíquicas para as nossas conquistas espirituais. Basta ter boa vontade.

Norman Vincent Peale, famoso pastor norte-americano, homem de reconhecida espiritualidade, conta-nos em sua obra *O poder do pensamento positivo*, o caso de um jovem que se dizia exemplo de fracasso.

O rapaz acreditava haver renascido destinado ao fracasso, irremediavelmente. Tudo em que colocava as mãos ia mal. Procedia de boa família e recebera excelente educação. Tinha tudo nas mãos. Não teria sido esse o seu mal (ter tudo nas mãos)? É possível.

Pondo essa hipótese de lado, – e que tenha sido isso ou aquilo a causa do seu mal –, o fato é que o moço de 30 anos se decidiu a mudar a regra do jogo.

Com força de vontade e determinação, resolveu enfrentar o fantasma do seu fracasso em tudo. Para isso, teve que primeiro descobrir a causa: era profundamente pessimista, desanimado, vencido. É provável que por trás desse mal existisse um trauma ou complexos causados por frustrações da infância ou, quem sabe, de encarnação passada. Com certeza, ele nem sequer tinha consciência das causas do mal, mas este trabalhava oculto (como um fantasma) em seu subconsciente.

Muitas pessoas navegam nessas águas.

Ele não possuía fé nem sequer para transportar uma pena da menor ave, quanto mais para remover montanhas.

Mas depois que ele se decidiu a enfrentar o fantasma do insucesso, para o qual cria estar predestinado, e de haver montado sua própria empresa e beneficiado muita gente com empregos bem remunerados, alguém lhe perguntou como conseguiu tal proeza. Ele respondeu que a regra foi muito simples. Descobriu a magia da fé, da confiança primeiramente em Deus, e depois, em si mesmo.

Palavras dele: "Descobri que se adquire o pior quando se espera o pior, e que se conseguirá sempre o melhor quando se espera também pelo melhor".

Eis aí, pois, a maior verdade!

O jovem confessou que para conseguir a fé se inspirou no evangelho de Marcos, capítulo 9, versículo 23, que diz: "Se podes! Tudo é possível ao que crê".

Mas que grande valor tem a fé!

Cremos que é justamente com essa fé inabalável que as pessoas conseguem se libertar dos seus maus hábitos. Não nos referimos somente aos da bebida, das drogas, do fumo, do sensualismo, mas também e principalmente aos do caráter.

Com essa fé, certamente, pode-se educar a maledicência, a inveja, o ciúme, os despeitos, o orgulho, o egoísmo, a vaidade e as demais imperfeições que constituem as montanhas existentes em nosso mundo íntimo.

E por falar em fé, não poderíamos esquecer o mestre Allan Kardec, quando diz em *O Evangelho segundo o Espiritismo*, cap. XIX, item 3, que "a fé sincera e verdadeira é sempre calma; faculta a paciência que sabe esperar, porque, tendo seu ponto de apoio na inteligência e na compreensão das coisas, tem a certeza de chegar ao objetivo visado".

Infelizmente, a maioria das criaturas ainda desconhece essa poderosa força e ela se acha adormecida em sua alma.

O mestre Kardec vai mais além ao afirmar que "a fé vacilante sente a sua própria fraqueza; quando estimula o interesse, torna-se furibunda e julga suprir com a violência, a força que lhe falece".

E finaliza: "A calma na luta é sempre um sinal de força

e de confiança; a violência, ao contrário, denota fraqueza e dúvida de si mesmo".

Voltando ao caso do moço sem fé, seus amigos acreditaram em um milagre, mas ele disse que não. O que fez foi apenas mudar de hábito de pensar: transformou seus hábitos de descrença em crença sincera, firme, inabalável, que lhe deram a força de esperar e não duvidar, para alcançar as suas metas. Com isso, ele saiu da impossibilidade do pessimismo para o campo aberto das possibilidades.

Isso não quer dizer que a criatura, dessa forma, consiga tudo que deseja. Não é bem assim. Porque há pessoas que nem sequer sabem o que querem. E talvez se conseguissem tudo a que aspiram, isso seria sua própria perdição. Deus é quem sabe o que é bom para Seus filhos. Assim, quando os nossos pedidos a Deus forem negados, é porque Ele, que é onisciente, misericordioso e justo, sabe o que faz. Sabe o que é melhor para nós. A conformação é um ato de humildade.

Depois que aquele moço adquiriu a sua própria fé, ao ler apenas aquela frase do evangelho de Marcos, sua vida se transformou radicalmente para melhor. Houve uma mudança de homem fraco para homem firme, rocha. E diga-se de passagem que o homem forte é aquele que estabelece as suas metas e sabe persegui-las.

O desânimo desapareceu. O jovem triunfou sobre si mesmo. Foi uma grande vitória, sem dúvida.

NÃO ACREDITE EM PROBLEMAS SEM SOLUÇÃO

INICIALMENTE, DEVEMOS DIZER que não existem pessoas sem problemas. Pensar que possa ser diferente, querer que seja diferente é pura utopia, é pura fantasia de criança.

O ser humano precisa de problemas para o amadurecimento de sua alma. Sem isso, ela continuará sempre imatura. Daí, pois, a fragilidade da personalidade, embora a pessoa seja instruída e talvez bem-educada em outros aspectos de seu caráter.

Veja-se que os indivíduos imaturos são inseguros, têm medo de tudo e até de enfrentar os problemas da vida, mesmo os mais simples, os mais naturais e corriqueiros. Imaginem quando se defrontarem com problemas mais graves e aparentemente sem solução. Se não tiverem cuidado, acabarão caindo no desespero. E deste para o suicídio, o passo é curto se o indivíduo não tem fé.

A propósito, recordamos o que dizia Emerson: "Cuidado com o que deseja, pois será o que você receberá".

Com essa sentença ele se referia à atração que tem o pensamento para as coisas boas e ruins. Quando acreditamos que os nossos problemas têm solução, atraímos forças positivas para solucioná-los. E quando acreditamos que eles são insolúveis, atraímos forças contrárias para complicá-los. Como vemos, a conhecida lei natural de atração e repulsão existe dentro de nós para facilitar ou complicar as situações.

A par disso tudo, reconhecemos que há pessoas complicadas que criam problemas para si mesmas, e que as chaves das soluções elas guardam no cofre interior da sua própria alma. Mas, geralmente, são criaturas endurecidas, inflexíveis, ranzinzas. Parece até que já foram fabricadas assim. Diríamos que se tornaram assim por várias razões. Talvez por ódios e profundos rancores alimentados ao longo de suas existências anteriores. Esses males se refletem na vida atual, com sintomas e diagnósticos desagradáveis, infelizes mesmo.

Vem-nos à lembrança mais um caso contado por Norman Vincent Peale em seu livro citado no capítulo anterior.

É o caso de uma jovem dominadora, possessiva, endurecida, prepotente, aspirando a todos os direitos do mundo, como se a Terra pertencesse somente a ela. Segundo o autor da obra, a jovem marcou consulta em sua clínica para as 14 horas, mas ele chegara apenas cinco minutos atrasado, devido ao seu dia muito atarefado. Com a sua chegada, ela mordeu os lábios num sinal de protesto. E sem o menor princípio de educação, foi logo lembrando ao religioso sua rígida pontualidade. Ele disfarçou e sorriu. Justificou-se, educadamente, para não criar um problema com ela.

A jovem, de maneira grosseira, disse que tinha um problema muito sério para resolver e desejava imediata solução. Repetiu a frase quase aos gritos, de uma forma prepotente, imperiosa. E disparou: "Desejo casar-me e quero saber porque não posso. Toda vez que travo amizade com um homem, demora pouco tempo e ele desaparece. É mais uma oportunidade que se vai e fico desiludida. Já que o senhor dirige uma clínica, diga-me por favor, porque não consigo um casamento".

O ilustre pastor escutou a jovem e analisou a sua personalidade. Disse-lhe que compreendia suas dificuldades pessoais. Acrescentou que ela, evidentemente, era uma alma boa, de personalidade interessante e por sinal portadora de beleza física. Mas ela possuía um "porém".

Agora, analisando suas dificuldades, ele continuou, percebo que a senhora é muito dura. Foi realmente muito severa comigo, porque atrasei apenas cinco minutos da hora marcada para atendê-la. Por acaso, já lhe ocorreu a ideia de que suas atitudes representam um defeito muito grave?

Creio, acrescentou Peale, que qualquer homem que você desposar, por mais paciente que ele seja, sentiria dificuldade em conviver com a senhora, devido ao seu forte temperamento, que é irascível. Percebe-se, disse o pastor, que a senhorita é muito exigente, possessiva e dominadora. Com certeza, com esse temperamento, dominaria seu marido de tal forma que sua vida matrimonial se tornaria um inferno. Nenhum homem gosta dessas atitudes, de viver sob a posse e rastreamento da parceira. O amor não pode viver sob domínio.

O religioso disse a maior verdade.

Norman Vincent Peale, com toda a sua experiência, falou à sua paciente com mais franqueza e de forma mais direta, porque ela precisava ouvir para se corrigir, ou pelo menos refletir sobre as falhas visíveis do seu caráter.

Ele teve razão. É quando dizer a verdade, nua e crua, se torna imprescindível. Isso é para o bem da própria pessoa endurecida, que se acha cega pelo orgulho.

A senhorita, prosseguiu ele, tem um modo de cerrar os lábios que indica atitude prepotente. E a senhorita se tornaria bem mais atraente se não cerrasse assim os lábios. A senhorita precisa se tornar terna, dócil, tratável, qualidades que não é possível conseguir, se a senhorita persistir nesse mau hábito. Enquanto a senhorita não mudar, dificilmente conseguirá um casamento.

O pastor cumpriu o seu dever de dizer a verdade. Certamente, uma pessoa com essas características é péssima de convivência. Caso queira casar e se sua vida for rastreada pelo futuro esposo, provavelmente ele descobrirá que ela é má filha. E a experiência confirma que, quando a mulher é má filha, também é má esposa, má mãe, má vizinha, má irmã, enfim, má tudo. Essa mesma regra de experiência aplica-se ao homem.

Interessante é que a jovem senhora não se irritou, até que achou muita graça, rindo à vontade.

O pastor, ao perceber que ela estava descontraída, sugeriu-lhe que usasse uma roupa mais à moda, modernizasse o corte do cabelo, se pintasse discretamente, para se tornar mais charmosa, mas, acima de tudo, que transformasse as atitudes desagradáveis em atitudes agradáveis, que se tornasse mais jovial.

E não é mesmo assim? Aquele que tem o espírito alegre está sempre em festa. É o que diz o provérbio.

O fato é que aquela jovem senhora seguiu à risca os conselhos de Peale, casou-se, foi mãe e se tornou uma excelente esposa.

O final foi feliz.

Como vemos, os problemas humanos sempre têm soluções adequadas. É só uma questão de tempo.

E o mais interessante é que as criaturas, quando têm a humildade de reconhecer os seus erros, mudam. Mas para isso precisam ter boa vontade, desejo sincero de se corrigirem. É desse modo que os homens desviados se transformam em homens de bem e até que se tornam grandes homens e ninguém os esquecem.

Um grande exemplo foi Santo Agostinho. Ainda jovem, passou um bom tempo ligado às orgias do mundo. Mas, depois de receber os conselhos de Santa Mônica, sua terna genitora, teve a felicidade de se converter ao cristianismo. A exemplo de Paulo de Tarso, teve ele também o seu encontro (simbólico) com o Cristo. A sua conversão foi definitiva. Depois, tornou-se um dos maiores sábios do Cristianismo, que a história teve o cuidado de registrar.

Por este exemplo, podemos dar razão a Samuel Smille em dizer: "Os homens verdadeiramente grandes e bons nunca morrem, nem mesmo neste mundo". Encerro este capítulo lembrando: não acredite em problemas sem solução.

TENHA CORAGEM PARA ENFRENTAR A VIDA

"Somente os covardes recuam diante da luta".
(Flamínio)

NÃO É DIFÍCIL concluir que toda vez que enfrentamos uma situação embaraçosa, ficamos mais fortes para enfrentar outras mais complicadas. É que as energias da coragem irão se tornando mais concentradas, mais poderosas. Diríamos que são as forças da alma em ação constante.

Os indivíduos de pouca fé, sem confiança em si mesmos, desanimados, não sentem as vibrações da verdadeira coragem. E ante as dificuldades da vida sentem-se enfraquecidos e, entre o enfrentamento da situação e a fuga, se decidem por esta última. Quer dizer: quando as situações difíceis lhes batem à porta, sob o vestuário de outras realidades, não têm a fé corajosa de as enfrentar. Preferem a fuga por meio das diversas extravagâncias da vida, em forma de sensualismo, alcoolismo, drogas, quando não fogem pelas portas falsas do suicídio.

E por que tudo isso acontece? Por falta de fé. Ausência de Deus em seus corações.

A verdadeira fé nos conduz a questionar as causas de uns sofrerem mais do que outros. A fé cega, desprovida de raciocínio lógico, a fé fanática diz, de pés juntos e mãos postas, que aqueles que sofrem menos são os escolhidos de Jeová e, portanto, mais merecedores das graças celestiais. E os que sofrem mais são os marcados pelo destino, pela fatalidade.

Ora, essa teoria desconhece a verdade de que são os homens, com o seu livre-arbítrio, que constroem seu próprio destino. Daí resulta a conclusão lógica de que Deus não cria o destino das criaturas humanas nem bom nem ruim. Se assim fosse, onde estaria o mérito pessoal de cada um? Como poderia o homem receber a recompensa pelo bem que fizesse e os castigos pelo mal praticado? Se Jesus, o Mestre, diz no evangelho "a cada um segundo as suas obras", ele quer ensinar que os espíritos, encarnados ou desencarnados, com suas próprias obras, constroem seu futuro, feliz ou desgraçado.

Enquanto fluem essas duas ideias opostas, surge a fé verdadeira, raciocinada, a dizer que todos nós, crentes ou não, independentemente de escolas religiosas, somos espíritos reencarnados e, portanto, antes mesmo de nos ligarmos ao corpo, escolhemos as provas que teremos de passar aqui, no plano denso da matéria.

Somente a lei universal das sucessivas existências, ou a reencarnação, explica de forma racional a Justiça de Deus, dando a cada um segundo os seus merecimentos.

Eis aí, pois, porque uns sofrem mais do que outros. É que dos golpes que damos e recebemos em uma existência sofreremos as consequências nas futuras encarnações. O nosso passado se reflete no presente, como o nosso futuro refletirá o nosso hoje.

As nossas existências estão atreladas à lei universal

de ação e reação, como bem doutrina o espiritismo. Ninguém foge às leis das provas.

É bem verdade que todos nós, na condição de espíritos reencarnados neste planeta atrasado, estamos sujeitos às provações da vida, a passarmos mesmo por dificuldades e revezes de toda natureza. Isso até mesmo por conta do primitivismo da nossa humanidade, em relação a outros povos mais evoluídos de outros mundos mais avançados em progresso intelectual e moral.

Mas é verdade também que, aqui mesmo em nosso mundo, existem muitas criaturas que não sabem nem o que querem, nem aonde desejariam chegar. São pessoas confusas, flutuantes, medrosas, sem aspirações e desconhecem esta bela frase "Todos os ventos são favoráveis para aqueles que sabem para onde vão", como afirmava Sêneca.

Ora, se você sequer sabe o que quer, como podem os ventos lhe ser favoráveis?

Há pessoas que são indecisas, tão despreparadas, receosas para enfrentar a vida, que ora planejam uma coisa, mais tarde desejam outra e, ao final, nada querem e desmancham tudo o que já fizeram. É difícil! É difícil, mesmo!

Parece que o juízo dessas criaturas está todo desarrumado.

Diríamos que para saírem de tal situação é preciso antes de tudo arrumar a cabeça, pondo as ideias em seu devido lugar. Às vezes, as pessoas têm as ideias no lugar, mas não possuem coragem para pô-las em prática. Elas têm medo de enfrentar a vida.

É essa a causa do fracasso de muita gente. Fracasso em termos gerais. Elas não chegam a lugar algum porque têm medo e não sabem o que querem. E nada conseguem porque não visam uma meta. As pessoas que têm medo de tudo, nada conseguem. Ainda aí o fator fé, autoconfiança, que são a base de tudo.

Napoleão Bonaparte, imperador da França, a exemplo do grande imperador romano, Caio Júlio César, era homem de fé em seus poderes, autoconfiante, acreditava em suas poderosas forças interiores. Era decidido, determinado, enfrentava os maiores inimigos com o sabor antecipado da vitória. Era obstinado em suas conquistas.

Essas mesmas forças da alma são possíveis de serem utilizadas para realizarmos as nossas mudanças interiores. Toda pessoa deve fixar na memória aquilo que quer e se deixar envolver nessa poderosa energia espiritual. E viver a vida impregnada dessa força. Daí nasce a coragem de enfrentar as situações mais difíceis.

Quem tem essa sólida estrutura psíquica não se deixa abater pelo veneno do desânimo.

Mas devemos lembrar que as conquistas interiores são bem mais importantes do que as mudanças que realizamos em nosso mundo exterior. O que precisamos fazer é acordar em nós as energias que movimentam esses poderes do espírito imortal. Você, antes de tudo, precisa acreditar nessas forças que latejam em sua alma. Experimente isso!

Quando a criatura acredita que é capaz de deixar seus maus hábitos e se tornar um homem de bem, com certeza conseguirá essa proeza, porque no instante em que mentalizar eu quero, eu posso, eu faço, ele passará a atrair para o seu centro de forças as energias das mudanças. O magnetismo das forças do bem a envolverá.

Esse era o segredo dos triunfos de Júlio César, de Alexandre, o Grande, de Napoleão Bonaparte e de tantos outros grandes heróis.

Efeitos contrários se apoderarão de nós quando nos alimentamos da dúvida, da descrença, da indecisão. Os medrosos, os indecisos ou os desanimados pouco realizam na vida.

ACREDITE QUE A
FÉ REMOVE MONTANHAS

SERIA MUITO BOM que toda pessoa enfraquecida por qualquer crise, de ordem moral, espiritual ou mesmo material, se permitisse impregnar desta frase do apóstolo Paulo aos Romanos (8:31): "Se Deus estiver conosco, quem irá poder estar contra nós?".

Isso significa dizer que embora não tenhamos tanto merecimento, mesmo assim a misericórdia de Deus sempre virá ao nosso encontro quando estivermos necessitados. Essa assistência virá com toda certeza, independentemente da nossa crença religiosa, porque todos nós somos filhos de Deus, que conhece as nossas fraquezas e necessidades.

Não devemos vacilar ante essa realidade. Todos sabemos que a fé é capaz de realizar coisas que consideramos impossíveis. Entretanto, para Deus tudo é possível, sem que Ele precise mexer em Suas leis, revogando-as.

Se você duvida, experimente ler *O Evangelho segundo o Espiritismo*, de Allan Kardec, notadamente o capítulo XIX – A fé transporta montanhas.

Kardec, com a luz da sua sabedoria, elucidando o assunto especialmente em relação às curas, diz que é na ação magnética que o poder e a força da fé verdadeira se demonstram de uma forma direta e especial. Ele acrescenta que é justamente pelo poder da fé que o homem atua diretamente sobre o fluido universal, modifica-lhe as qualidades "e lhe dá uma impulsão, por assim dizer, irresistível".

Daí decorre, segundo Kardec, que aquele que a um grande poder fluídico normal junta ardente fé, pode, só pela força da sua vontade dirigida para o bem, operar esses singulares fenômenos de curas e outros, tidos antigamente por prodígios, mas que não passam de efeito de uma lei natural. Tal o motivo por que Jesus disse a seus apóstolos: se não o curastes, foi porque não tínheis fé.

Percebe-se que um dos maiores problemas das pessoas que estão em crise de qualquer natureza é pensarem negativamente que não é possível saírem da crise. É erro pensar assim. A falta de autoconfiança logo forma um bloqueio mental que dificulta a saída dessa situação. Ao contrário, se você disser a si mesmo que tudo é possível para Deus, logo de início a mente ficará em busca de uma solução, pois ela não permitirá bloqueios.

Tudo isso acontece com o pensamento, que é força criadora. Tudo aquilo que você acredita ser, possivelmente será. O poder do pensamento é fantástico.

Todavia, não queira a criatura resolver todas as suas crises de uma única vez, pela arte mágica. As montanhas das crises devem ser removidas com calma, devagar. É bom ser organizado, específico. Enfrentar os problemas atacando um de cada vez.

Conheço a história de um moço casado que tinha esposa e quatro filhos menores. O seu maior problema era o alcoolismo crônico. O segundo problema era a pobreza. Mas tudo se dificultava ainda mais por causa do hábito da bebida, do qual ele acreditava não poder se libertar.

Interessante é que quando o moço não estava embriagado era excelente pessoa: bom artista, bom marido, bom pai, bom filho, bom irmão etc. Mas, como nada é perfeito, ele tinha o pedaço ruim da embriaguês. A família até dizia que havia um grupo de alcoólatras invisíveis, que bebia com ele.

Não suportando mais as sucessivas desmoralizações sociais, afastado da família, dispensado do emprego e cada vez mais encharcado de alma e corpo pelo álcool, foi aconselhado a frequentar uma sociedade espírita.

Um dos médiuns videntes do centro espírita que ele passou a frequentar, em consulta mediúnica, confirmou que ao seu lado existiam diversos espíritos alcoólatras que bebiam com ele. Os alcoolistas invisíveis eram seus parceiros e resistiam em se afastar. Era um caso típico de obsessão alcoólica.

No caso, não era que o moço dependente tivesse inimizade com aqueles espíritos. Não. A obsessão era por afinidade de hábitos. Encarnados alcoolistas atraem viciados desencarnados. É a lei do semelhante atraindo o semelhante. Essa é uma realidade que o mundo desconhece.

Por fim, o moço alcoólatra passou a receber tratamento espiritual. Mas o espírito benfeitor, através do médium, aconselhou que ele, quando começasse a se envolver pelo desejo de beber, mentalizasse a nobre figura do Cristo em sua frente e pedisse forças para resistir à tentação, fazendo isso com fervorosa fé, acreditando que a sua felicidade estaria em suas próprias mãos e resistindo às influências do mal. Que tal procedimento fosse repetido tantas vezes se fizessem necessárias até que se criassem sólidas raízes em seu espírito.

A vontade do moço alcoólatra, com a verdadeira fé, se tornou uma força poderosa à sua disposição. Ele se curou, libertando-se de uma vez por todas do hábito da bebida. Claro que os bons espíritos o ajudaram. Deram-lhe o máximo de reforço à vontade frágil. Mas para conseguir tal proeza, ele confiou plenamente nos poderes de Deus. Triunfou porque acreditou poder triunfar.

O moço voltou para sua família e esta história teve um final feliz. Ele alimentou a verdadeira fé e acreditou que ela opera maravilhas e transporta as montanhas existentes no interior da nossa alma.

APRENDA A ESVAZIAR SUA ALMA

PARECE QUE A maioria das pessoas carrega em seu subconsciente os fantasmas do medo, do remorso, da mágoa, das frustrações, das inibições, dos complexos, dos traumas, da inveja, do ciúme, do orgulho, do egoísmo, da vaidade e coisas outras. São essas coisas que fazem parecer que somos diversas pessoas, em vez de apenas uma.

Parece que temos dupla ou múltipla personalidade.

Daí, pois, nasce a impressão de que toda criatura humana não passa de um misto de doçura e energia, de bondade e maldade, de delicadeza e grosseria, de humildade e orgulho, de altruísmo e egoísmo, virtudes e vícios, sabedoria e ignorância. E assim vai, fato nos leva a crer que o homem é um ser muito complexo e, portanto, difícil de ser julgado pela aparência. O seu exterior pode ser uma coisa e seu interior pode ser outra. As aparências enganam muito. Assim, somente Deus poderá julgar Seus filhos porque os conhece por dentro.

Você é uma pessoa recalcada? Procure em si mesmo, no fundo do seu subconsciente, as causas. Após descobri-las, enfrente-as corajosamente. Em pensamento, converse com elas. Procure convencê-las de que devem sair de dentro de você.

E já que você encontrou as causas dos seus traumas, inibições, frustrações, fobias, mágoas, sentimentos de culpa etc., tenha paciência com elas e se mexa para regurgitá-las, devagar. Não tenha pressa.

Considere veneno letal as causas que infelicitam a sua vida interior e ponha-as para fora por meio das palavras, conversando consigo mesmo, quando estiver a sós, já que você não tem jeito para confessar seus problemas íntimos aos psicanalistas, nem aos sacerdotes ou outros líderes religiosos.

Nesses casos, as regras acima, de autoanálise, são de suma importância para os indivíduos fechados. Quando uma ideia fixa, uma aflição, uma frustração afetiva se aninha na alma de alguém, a tendência natural é a vontade enfraquecer-se. Mas toda força de vontade enfraquecida pode voltar a se fortalecer.

Nesse sentido, um sábio fez uma bela comparação. Ele disse que quando as rosas morrem, não quer dizer que a roseira também tenha morrido. Ao contrário: suas pétalas se transformarão em energias novas para alimentá-la. A chuva regará a terra e o sol novamente dará brilho às folhas, e assim, novas rosas nascerão mais viçosas, talvez no mesmo galho.

Os vendavais da existência humana vêm e passam. Depois das tempestades, o sol retornará com o seu poderoso magnetismo, alimentando a terra de luz, calor e vida.

Assim também é a nossa vida, que poderá ser transformada com a força de vontade!

Não tenha a menor dúvida. Com o poder da sua vontade, fortalecido pela força divina, com paciência e perseverança, você poderá eliminar e botar para fora do seu subconsciente todos os pensamentos doentios de tristeza, de morte, de ódio, de malquerença, de enjoo pela vida, de desânimo e outros similares.

Você é ranzinza? É uma qualidade muito ruim. Tenha cuidado! Esse mal poderá lhe criar outros males piores. Considere esse mal um tumor canceroso que se alojou em sua mente. Procure extirpá-lo com o bisturi do evangelho.

Com o pensamento firme, você poderá substituir esses pensamentos perturbadores pelos seus opostos. Basta utilizar a boa regra para tal. E reavivar o entusiasmo para viver. Para não perder o entusiasmo, é bom tomar interesse pelas coisas mais simples que nos rodeiam. E amá-las. Também é uma boa ideia controlar seu entusiasmo natural, evitando exageros.

Aconselham os psicólogos que devemos conferir o nosso entusiasmo diariamente, pensando, vivendo e agindo com entusiasmo moderado. É uma prova de que ainda estamos acesos, vigorosamente ativos.

Aconselham também, para o nosso bem emocional, que exercitemos um descanso mental diariamente, sem pensar em nada que nos perturbe, para mantermos a alma livre de cansaço. Recomendam que eliminemos todo e qualquer sentimento de culpa, que tende a envelhecer a alma e fazer com que a vida perca seu brilho, sua beleza, seu sentido.

Até que recordamos Norman Vincent Peale: "Mantenha-se viril e viva espiritualmente. Dê tudo o que tem à vida e a vida lhe dará seus melhores dons e nunca ficará sombria ou melancólica".

Esvaziar o espírito, regurgitando as causas das nossas perturbações e confusões mentais, é o primeiro passo para adquirirmos a nossa paz interior.

ELIMINE SUAS PREOCUPAÇÕES (I)

TODOS NÓS SABEMOS que existem ocupações e preocupações. As primeiras fazem bem. As segundas fazem mal. Toda preocupação é ocupação antecipada. Por isso, causa desgastes emocionais. E daí surgem os distúrbios nervosos.

Tudo na vida é uma questão de hábito. Se há o hábito da ocupação, evidentemente há o da preocupação. Não falamos aqui, é claro, da preocupação natural, própria das pessoas normais, mas da preocupação exagerada, que chega a ser patológica.

A tendência natural do ser humano é se tornar escravo dos hábitos prejudiciais, não somente ao corpo, mas principalmente ao espírito. Quando se escraviza a alma com maus hábitos, também se escraviza a matéria. Porque o que golpeia o espírito, igualmente golpeia o corpo, que é a habitação da alma. É normal essa recíproca influência, porque ambos interagem.

Ora, diante dessa realidade, como eliminar as preocupações? Essa é a indagação que todo mundo faz.

Em primeiro lugar deve-se dizer que a preocupação é um mau hábito, pelo qual nos deixamos escravizar ao longo do tempo. E, provavelmente, até aprendemos a gostar dele. Por isso nos acostumamos e até este instante nada fizemos para dele nos libertarmos.

Ora, assim como toda criatura é capaz de mudar de hábito, bem assim de qualquer costume ou atitude adquirida, poderá também eliminar da alma o mau hábito das preocupações exageradas.

O que é que o homem não pode superar com a fé, somada a uma poderosa força de vontade? Você pode neste exato momento iniciar uma batalha cerrada contra o mau hábito das preocupações. Basta querer.

Antes, porém, é preciso que você se conscientize de que por trás das suas preocupações está o fantasma da ansiedade. E esta, provavelmente, lhe deixa inseguro, medroso. Daí para a depressão, o passo é curto.

Um famoso psicanalista norte-americano diz que a ansiedade e a depressão constituem, na atualidade, os dois maiores flagelos do homem aqui na Terra. Diz também que o medo é o mais terrível inimigo da personalidade humana. E uma vez que as preocupações doentias estão ligadas a esses males, elas são consideradas pelos esculápios da alma como a mais sutil e destruidora de todas as enfermidades humanas.

A ansiedade, causadora das preocupações patológicas segundo os psicólogos modernos, é um mal tão letal, mas tão letal mesmo, que milhares de criaturas ficam doentes porque reprimem suas ansiedades. E porque tais pessoas não aprenderam a discipliná-las e exprimi-las, elas terminaram causando-lhes doenças de vários gêneros.

Somente para termos uma pálida ideia da gravidade das preocupações, segundo um dicionário inglês-português, a palavra preocupação em inglês é *worry* e procede de uma antiga palavra anglo-saxônica, que tem o sentido de "sufocar". Isso significa dizer que, se uma pessoa está saturada de preocupações, equivale a alguém lhe apertar o pescoço, sustando o fluxo do ar, o que a sufocará. É essa a sensação de quem está escravizado ao mau hábito das preocupações doentias.

É bastante comum ouvirmos esta frase: "Ele está sufocado de preocupações".

Estudos de psicologia concluem que as pessoas que têm uma crença religiosa são mais calmas, menos ambiciosas, mais compreensivas, mais humanitárias, têm mais fé. São essas, pois, as condições básicas para eliminarem ou, pelo menos, diminuírem o ritmo das suas preocupações.

Para aqueles que desejam uma vida longa e feliz e querem viver despreocupados, os psicólogos aconselham: primeiro, dominar as ambições; segundo, estarem sempre ativos; terceiro, serem moderados em todos os seus hábitos; quarto, recolherem-se e acordarem cedo; quinto, manterem o bom hábito de fazer preces antes de dormir; sexto, sentirem-se livres de preocupações e temores; sétimo, serem brandas e pacíficas; oitavo, sentirem grande prazer em viver; nono, cultivarem o desprendimento dos bens materiais; e décimo, serem serenas e cultivarem a fé em Deus.

Os estudiosos do comportamento do homem vêm fazendo revelações surpreendentes, baseados em suas avaliações sobre pacientes de todas as idades e de todos os níveis culturais e sociais, de que as doenças da maioria das pessoas são provocadas por temores e preocupações. E estas, por sua vez, estão intimamente relacionadas aos casos de artrites reumáticas. Com base nessa realidade, a conclusão é que a sociedade humana está gravemente enferma. A sua doença é espiritual, com profundos reflexos no corpo.

As preocupações e o medo do futuro deixam o ser humano dilacerado de corpo e de espírito.

Mas, em que pesem as preocupações e a insegurança, quase que geral, não vale desanimar. É bom sustentar a energia do ânimo firme.

Todos nós possuímos recursos interiores, capazes de vencer o hábito das preocupações e dos receios, da ansiedade e da depressão. O primeiro passo é crermos que somos fortes e capazes de eliminar esses fantasmas e projetá-los para fora da nossa alma.

Para tal, precisamos do apoio de Deus, que é a maior força do Universo. Se Ele está conosco, quem ousará estar contra nós? Devemos sempre mentalizar esta frase, que novas forças eclodirão do nosso mundo interior. E nenhuma preocupação, nenhum medo, nenhuma insegurança, nenhuma ansiedade, nenhuma depressão, conseguirá nos abater.

Devemos também perguntar a nós mesmos se vale realmente a pena continuarmos presos ao mau hábito das preocupações, do medo que nos deixa inseguros. Claro que a nossa alma responderá que não. Logo, ficará mais fácil de nos libertarmos desses males.

Que tal antes de dormir fazermos uma leitura do evangelho, seguida de uma prece fervorosa? Não nos esqueçamos que o evangelho nos ensina a vencer as nossas preocupações. Ele é o melhor remédio para as nossas doenças espirituais.

Conta-se que famoso médico inglês, de nome Sir William Osler, ainda estudante de medicina, andava excessivamente preocupado com o seu futuro, quando, na primavera de 1871, leu uma frase de autoria do não menos famoso escritor Thomas Carlyle, e a partir daí, toda sua vida mudou e passou a ter absoluto controle de suas preocupações. Eis a frase: "O nosso principal objetivo não é ver o que se encontra vagamente a distância, mas fazer o que se acha claramente ao nosso alcance".

Veja como algumas palavras, apenas, exerceram tanta influência no futuro de um homem tão ilustre que, ao desencarnar, foram necessários dois volumes, com 1.466 páginas, para contar a história da sua vida.

ELIMINE SUAS PREOCUPAÇÕES (II)

OS PSICANALISTAS ACONSELHAM que as pessoas que estão habituadas às preocupações e aos receios que encharcam a mente, devem diariamente adotar o processo de esvaziamento da alma. De preferência à noite, ao deitar, porque o espírito fica mais receptivo aos comandos da vontade. Segundo os médicos, esse processo de drenagem da alma é de suma importância para a eliminação das preocupações doentias e de todos os tipos de pensamentos negativos.

Esse processo é muito benéfico e, se realizado diariamente, evita que a mente fique sobrecarregada de preocupações e receios. O aconselhamento é que esse esvaziamento psíquico seja acompanhado deste pensamento positivo: 'Com a ajuda de Deus, o Todo-Poderoso, estou esvaziando da minha alma todas as preocupações, todas as ansiedades, todas as depressões, todos os medos e todas as sensações de insegurança. Eu estou em Deus e Deus está em mim, porque eu sou o templo de Deus.'

É útil repetir tais afirmativas tantas vezes quantas sejam necessárias. Quando tal processo se tornar um hábito, automaticamente substituirá o antigo e mau hábito das preocupações e receios doentios.

Aprendamos a substituir as ideias e pensamentos doentios por ideias e pensamentos saudáveis.

Para quem ainda não sabe, esse processo salutar de drenagem do espírito é uma auto-hipnose. Poderá ser operado em outra pessoa, que passa a ser hipnose.

Em relação às pessoas medrosas, inseguras para enfrentar os problemas da vida, recordamos o escritor, poeta e filósofo libanês, Khalil Gibran, em sua excelente obra *Mensagens espirituais*, na qual ele diz: "O temor das pessoas sacudidas pelas tempestades da vida faz com que pareçam vivas, mas, na verdade, estão mortas desde o dia em que nasceram. Jazem insepultas, e o odor do apodrecimento transpira de seus corpos".

Eis aí, pois, a definição que o poeta apresenta das criaturas medrosas. Ele complementa: "O morto treme diante da tempestade. Mas o vivo caminha com ela". Gibran encerra: "Porque nasceu do medo e vive como um covarde, o homem esconde-se nos abrigos da Terra quando presente a tempestade que se aproxima".

Você pode superar os seus medos? Pode, sim! Como? Enfrentando-os. Lembre-se de que tudo que você crer poderá fazer. E tudo que você desejar, poderá conseguir, pelo menos em parte.

Não se esqueça de que o pensamento é força criadora.

Lembre-se de que todas as doenças, tanto do físico como do espírito, podem ser curadas. Da mesma forma que adoece o corpo, igualmente ocorre com a alma. É claro que as terapias são diferenciadas, mas quando o corpo adoece pelos reflexos das enfermidades do espírito, os primeiros socorros terapêuticos devem ser aplicados na alma, onde se acham alojados os focos dos distúrbios. Recuperada a saúde do espírito, o corpo ficará saudável.

Infelizmente, as criaturas ainda ignoram que as curas

das nossas doenças nervosas estão nas páginas de sabedoria do evangelho. Esta obra, onde está contida a doutrina moral do Cristo, é a curadora da alma, ou seja, contém a terapia para todos os males que afligem o espírito.

É claro que o evangelho por si mesmo nada fará. É apenas um conjunto de folhas, composto de capas e capítulos e versículos. Mas o seu conteúdo é um foco de luz que clareia o espírito e o fortalece fornecendo-lhe sabedoria e conforto espiritual, além de apontar rumos seguros e libertar da ignorância milenar. Ele contém a terapia da alma, mas é preciso que você saiba utilizar essas forças do bem e aplicá-las, com fé, no restabelecimento da sua paz interior.

Isso quer dizer, portanto, que o evangelho pode lhe curar, mas você deve fazer a sua parte. Não é justo?

Sabemos que a imaginação é atributo da alma. Se você imagina que tudo em sua vida vai indo bem, se algo está ruim, a tendência é ficar bem. Acontece o inverso quando você imagina que tudo vai mal. Logo, se a imaginação é fonte de insegurança, de temores, de insucessos, de ideias negativas em geral, pode também ser fonte geradora de curas.

O pensamento, através da imaginação, cria clichês mentais de fantasias e realidades. Aquilo que você imagina ser, é. Aquilo que você imagina não ser, não é. É assim que a mente humana funciona. É o fenômeno natural da auto-hipnose.

O que é a hipnose? É apenas um fenômeno de convicção. A função do hipnólogo é lhe convencer de que o irreal é real. E vice-versa. Ele lhe conduz a essa convicção através da sugestão. Os especialistas em hipnose afirmam que as duas ferramentas principais do hipnólogo são a sugestão e a imaginação. Através desse processo, o hipnologista, usando as técnicas da sugestão, atua diretamente sobre a imaginação dos seus pacientes. É assim que ele faz a lavagem do subconsciente, expelindo ideias, imagens, preocupações, fobias, frustrações e todos os tipos de pensamentos doentios, que geram ansiedades e depressões. Quando essas técnicas são aplicadas por uma pessoa em si mesma, chama-se auto-hipnose. A imaginação é o fator principal da hipnose e da auto-hipnose.

ELIMINE SUAS PREOCUPAÇÕES (III)

O APÓSTOLO PAULO, em sua epístola aos coríntios, nos fala sobre as três maiores forças do espírito: a fé, a esperança e a caridade. Ele não as recomenda para serem apenas utilizadas no aspecto religioso da vida, mas sim como remédio para a cura de todos os males da alma. A fé pode sempre vencer os receios. É bom criar no subconsciente uma inabalável convicção dessa realidade. E o resultado é lógico, pois, toda pessoa que conseguir ter o domínio da fé poderá dominar seus temores. Os bons espíritos, em suas mensagens, confirmam essa verdade contida em diversas passagens das epístolas.

Há pessoas que são tão preocupadas com as possíveis ocorrências do amanhã que adoecem. Morrem de véspera, como peru de festa. Esquecem da frase que Jesus ditou para seus discípulos: "Não vos preocupeis com o dia de amanhã, porque o dia de amanhã cuidará a si mesmo".

Esse mau hábito de pensar tem, no espiritismo, o nome de auto-obsessão. Esse estado espiritual patológico, enfermo, pode abrir espaço a espíritos obsessores, que passam a explorar a situação, gerando sérios distúrbios psicológicos.

Quando isso acontece, aconselha-se o paciente a assistir sessões doutrinárias do espiritismo, a fim de que as entidades invasoras sejam esclarecidas e o paciente-vítima fortaleça a alma e aprenda a disciplinar as preocupações patológicas. Mas, para esses casos, existe uma terapia de apoio excelente: o trabalho. Adotar uma atividade intelectual sadia, através de leituras, cálculos etc., são formas de se superar as preocupações desnecessárias.

É bom lembrar que a mente é comparada a uma casa com seus espaços. Se os espaços não são ocupados por atividades sadias, logicamente serão, mais cedo ou mais tarde, ocupados por preocupações doentias, prejudiciais ao espírito e ao corpo. Ocupado no trabalho o indivíduo não tem tempo para preocupações. Quer dizer: com a ocupação, afugenta-se o fantasma preocupação.

As preocupações são desgastantes. Elas consomem todas as nossas energias psíquicas. Como consequência natural vem a velhice precoce. Surgem de repente as chamadas "doenças nervosas".

Conheço uma senhora que desabava em preocupações quando sua filha viajava de avião. Nos trinta dias de férias da jovem, a mãe, coitada, se preocupava se o avião cairia ou não; se a jovem seria atropelada em Nova Iorque, onde costumava permanecer de férias, ou se morreria em passeio de navio no alto mar, ou mesmo se adoeceria durante as férias etc.

Esse penoso estado de espírito, que se repetia todos os anos, gerava um inferno para ela própria e para a filha. Resultado: ambas ficaram neuróticas. Foi preciso um tratamento psicológico para recuperá-las. A mãe, que era católica, por indicação médica, passava o período de férias da filha trabalhando em um lar de idosos, como voluntária, e não telefonava para a filha, nem esta para a mãe. Terminaram se acostumando e o mal foi curado.

Conta-se que certa feita perguntaram ao famoso estadista inglês Winston Churchill se estava preocupado com a Segunda Guerra Mundial. Ele respondeu: "Estou muito ocupado. Não tenho tempo para preocupações".

Não seja amigo das preocupações. Elas não resolvem os problemas. Até os complicam. Liberte-se desse mal, expulsando-o da sua casa mental para sempre.

Expulsar da sua mente os fantasmas das preocupações com ocupações intelectuais sadias depende unicamente de você. A decisão não vem de fora, nem é de ninguém. Você é quem decide. Lembre-se de que é você quem decide ser feliz ou infeliz.

Os psicólogos dizem que se você mentalizar continuamente (como ideia fixa) o temor de acontecer determinada coisa em sua vida, tal coisa poderá realmente ocorrer, porque o seu pensamento se desenvolve dentro de um campo de atração ao mal. Melhor dizendo: seu espírito criará condições propícias ao desenvolvimento daquilo que você receia.

Governe sua fé, que seus temores serão drenados da sua alma. Essa mentalização deve ser tenaz.

No capítulo anterior falamos dos maus hábitos mentais. A alma termina se acostumando com os hábitos negativos. Mas a sua vontade poderá tranquilamente controlar o fluxo dos pensamentos preocupantes. Como? Educando-os, um a um, não permitindo que eles façam do seu subconsciente um domicílio de fantasmas.

Educar a vontade é disciplinar o espírito.

Você já imaginou que a sua casa mental poderá se transformar em um lixeiro de preocupações negativas? Você já pensou como seria bom se suas 15 preocupações doentias fossem reduzidas a apenas duas ou três? De que forma? Drenando-as com os pensamentos de saúde e paz, de fé em Deus e confiança em si mesmo.

Vejamos o que um famoso psicanalista norte-americano aconselha: "Faça com a sua alma, extraindo-lhe as preocupações mais graves, o mesmo que se faz para derrubar uma grande árvore. Primeiro começa-se por cima cortando-lhe os pequenos e grandes galhos e, por último, o tronco, cortado em quatro partes, de cima para baixo. Eis a árvore reduzida a pedaços.

O bom-senso diz que se você educar e drenar as pequenas preocupações, com o tempo as mais graves irão se educando também. Uma boa regra para isso é você iniciar suas atividades de rotina conversando com você mesmo (em pensamento) e dizendo que tudo irá bem; e se algo acontecer errado, você tentará consertar e, no fim, dará tudo bem.

Quem faz uso desse método de autoajuda evita estresse desnecessário; evita gastrites e úlceras; evita hipertensão desnecessária e outros desarranjos emocionais. As preocupações nos deixam tensos, nervosos, irritados.

É preciso eliminar o hábito das más preocupações.

Em meu livro *Cure-se da obsessão e viva feliz*, editado pela Editora EME, lembramos os males que podem nos causar as preocupações doentias, males que golpeiam o espírito e o corpo e os cuidados que devemos ter com ambos. Nele alertamos que as preocupações muito intensas, além de gerar desgastes psíquicos de grandes proporções, podem também se constituir em farta pastagem aos espíritos obsessores, sugando as nossas energias espirituais.

Encerramos este capítulo com este pensamento de

Norman Vincent Peale, do livro *O poder do pensamento positivo*.

'Coloco o dia de hoje, a minha vida, os meus entes queridos e meu trabalho nas mãos de Deus. Da mão de Deus só pode advir o bem. Sejam quais forem os acontecimentos e resultados, se eu estiver nas mãos de Deus, será a vontade de Deus que se imporá e dela só pode advir o bem.'

SAIBA RESOLVER
SEUS PROBLEMAS PESSOAIS

PRECISAMOS NOS CONSCIENTIZAR de que as demais pessoas passam por problemas mais ou menos como nós. E nesse sentido, o que se questiona não é acerca da gravidade dos problemas, mas se estamos de espírito preparado para enfrentá-los e dar-lhes soluções adequadas, ou minimizá-los, sem, contudo, criarmos outros problemas, talvez mais graves.

Esse é o segredo.

Achamos oportuno fazer essa ressalva, porque há indivíduos que pela força do seu próprio caráter, quando tentam resolver um problema, terminam criando outros.

Os bons espíritos, que são os emissários de Deus, nos ensinam que não devemos, em nenhuma hipótese, cair nas malhas do desespero diante dos problemas, por mais graves e aparentemente sem solução que eles nos pareçam. Jamais. Porque sempre aparecerá um jeito para tudo. A solução, às vezes, não surge imediata, mas depois ela virá, certamente.

Há outro aspecto que precisamos considerar. Há problemas em nossa vida para os quais somente o tempo poderá trazer a solução. Mas trará, com certeza. Não há nada que o tempo não absorva e devore, como dizia Pitágoras, o sábio da antiga Grécia.

Todas as pessoas têm os seus problemas. Umas, problemas maiores; outras, menores. Não devemos esquecer que somos espíritos reencarnados, cada um passando por experiências diversas dos demais. Uns passam por provas morais; outros, por provas físicas; uns são atormentados pela revolta; outros são tentados pelos vícios; uns são dóceis aos conselhos; outros são rebeldes; uns são bem mais sucedidos; outros são perseguidos pelos insucessos e assim sucessivamente.

Entretanto, se soubermos aproveitar os lances negativos da vida, eles se transformarão em degraus de subida, além de nos transformarem em almas maduras, firmes, seguras. E, portanto, habilitadas a resolver os problemas pessoais, qualquer que seja a sua gravidade.

Não devemos esquecer que a vida é uma batalha. É uma permanente batalha do mundo contra nós. Mas, a batalha mais pesada é a de nós contra nós mesmos, para vencermos as nossas más inclinações. Recordemos o poeta e filósofo libanês Gibran em sua obra *Mensagens espirituais*: "Somos todos guerreiros na batalha da vida, mas alguns lideram e outros seguem". É verdade!

Quase sempre as pessoas desencorajadas para enfrentar as dificuldades da vida preferem o refúgio da solidão, embora nem todas as pessoas reservadas sejam solitárias. A solidão é simplesmente cruel. É um problema grave que desafia o homem moderno. Ela nasce do medo, da insegurança, da ausência de fé.

O indivíduo solitário, já que vive em uma cadeia sem grades, geralmente é tímido, desconfiado. Por alguma razão que ele próprio ignora, afastou-se do relacionamento com os outros. Esse afastamento pode ter-lhe causado algum distúrbio. Ou algum distúrbio pode tê-lo afastado da convivência social. É pessimista porque é inseguro. Não é pessoa espiritualmente saudável. Falta-lhe uma coisa. O solitário não tem ideal. Ignora objetivos, porque se sente fracassado por frustrações, talvez desta existência, talvez de outras encarnações.

Em contrapartida e surtindo efeitos benéficos à saúde da alma, afirma Joanna de Ângelis, em seu livro *O homem integral* que "O silêncio, o isolamento espontâneo são muito saudáveis para o indivíduo, podendo permitir-lhe reflexão, estudo, autoaprimoramento, revisão de conceitos perante a vida e a paz interior".

Esse procedimento, como vemos, é literalmente oposto ao da solidão doentia, aquela que consiste em o indivíduo se isolar do mundo com medo de enfrentar os problemas da vida. Segundo a mentora espiritual de Divaldo Franco, no mesmo livro acima citado, todo homem escravo da solidão tem medo de se encontrar e, por isso, evita descobrir-se, conhecer a si mesmo. Dessa forma, procura ocultar sua verdadeira identidade na aparência de infeliz, de incompreendido e abandonado.

O que o solitário deve fazer é dar um mergulho em seu mundo interior e descobrir que a causa da sua solidão é o medo de enfrentar seus problemas pessoais, é o receio de conhecer-se a si mesmo. Ele precisa eliminar a ideia negativa de que é um ser desprezado, rejeitado pela família ou pela sociedade. Deve exercitar a ideia positiva, mentalizando que é capaz de transformar a sua imaturidade em maturidade; que é capaz de enfrentar e resolver seus problemas pessoais, que é uma pessoa igual a muitas outras.

Essa autoafirmativa deve ser feita com robusta fé; com sólida e inabalável convicção. E não esquecer que o homem sempre se transforma naquilo que pensa ser. Essa auto-hipnose deve ser repetida tantas vezes quantas sejam necessárias, até a sua efetiva transformação. Porque querer é poder.

O pensamento é força criadora.

LIGUE-SE À ESPIRITUALIDADE

A RELIGIÃO É um fator de fundamental importância na vida de um homem. Muito mais do que se possa imaginar. Com a fé religiosa o homem atravessa muitos caminhos espinhosos.

Com essa força no coração, o homem enfrenta situações difíceis, tão difíceis que ele próprio duvida. É que a fé inteligível capacita a criatura a ser mais paciente, mais tolerante, mais desassombrada e, portanto, mais resignada ante os problemas da vida. Ante as provações, diríamos melhor.

Vamos contar mais uma história verdadeira.

Um nosso conhecido, maduro de idade, católico praticante, de repente passou a frequentar o centro espírita. Todas as vezes que me olhava, eu sentia que tinha algo para me revelar. Por falta de confiança ou por timidez, não se aproximava. Mas, um belo dia, ele me encontrou em plena rua e convidou-me para um particular. Achei-o bastante abatido e muito nervoso. Confessou que embora não fosse espírita, nutria profundo respeito pelo espiritismo e acreditava.

Alegou que apesar de católico praticante, não conseguia, por si só, superar os sérios problemas que vinha atravessando. Confessou timidamente que sua esposa o havia abandonado por um homem bem mais jovem e fugiram levando seus dois filhos menores. E que, sentindo-se abandonado, humilhado, com o agravante da ausência dos filhos, tentou o suicídio na noite anterior, e que a qualquer momento, tentaria novamente e da próxima vez seria com um tiro de revólver.

Disse que ao pôr a corda em seu pescoço, amarrou-a ao caibro da casa. Quando empurrou a mesa com os pés, com seu peso o caibro partiu-se e a tentativa foi frustrada. Confessou que foi o desespero que o levou a isso.

Essa confissão sincera me sensibilizou bastante. Senti toda a carga emotiva daquele conhecido. Seu estado de espírito inspirava piedade.

Sem demora, fomos em minha casa, ofertei-lhe *O Livro dos Espíritos* e indiquei-lhe de emergência a questão número 944, em que Kardec inquire: Tem o homem o direito de dispor da sua vida? A que respondem os mensageiros da codificação: "Não; só a Deus assiste esse direito. O suicídio voluntário importa numa transgressão desta lei".

Essa resposta dos espíritos o fez ficar de face vermelha como uma maçã. Percebi que ele mediu bem a responsabilidade de quem tira a sua própria vida. No mesmo instante pedi-lhe que lesse a questão número 937, em que Kardec pergunta: Para o homem de coração, as decepções oriundas da ingratidão e da fragilidade dos laços da amizade não são também uma fonte de amarguras?' Eis a resposta dos espíritos superiores: 'São. Porém, deveis lastimar os ingratos e os infiéis; serão muito mais infelizes do que vós. A ingratidão é filha do egoísmo e o egoísta topará mais tarde com corações insensíveis, como o seu próprio o foi'.

Aconselhei-o a refletir sobre a situação dos suicidas no

mundo espiritual. Que legalizasse a separação na Justiça e tentasse novo casamento. Quem sabe se desta feita não daria tudo certo? Valia a pena recomeçar.

O nosso conhecido passou um bom tempo assistindo às reuniões espíritas até encontrar uma senhora viúva, digna, e voltou para sua Igreja para o casamento. Legalizou a separação com a primeira mulher e os filhos passavam os fins de semana com ele e a nova esposa, que tinha apenas 29 anos de idade, a qual lhe deu um casal de crianças. Quando nos encontrávamos, ele dizia que havia encontrado a sua alma gêmea. Vivem muito felizes.

Tivesse aquele nosso conhecido praticado o suicídio, em que estado estaria ele agora no mundo espiritual? Arrependido, perturbado e pressionado por uma carga pesada de ódio, rancor e desejo de vingança, porque fora traído no sentimento.

O Livro dos Espíritos salvou a sua vida. Deu-lhe coragem e capacidade para enfrentar o seu problema pessoal.

VOCÊ ACREDITA QUE A FÉ PODE CURAR?

EM CAPÍTULO ANTERIOR, expusemos as coordenadas que podem facilitar a solução dos nossos problemas pessoais. Mas para isso, como facilmente se percebe, cuidamos em apresentar a fé como fator primordial ao estímulo das forças da alma. Estímulo que leva as criaturas desanimadas a enfrentarem as dificuldades do dia a dia da vida.

E no intuito de alcançarmos os nossos objetivos utilizando as forças da fé, realçamos alguns pontos que consideramos de suma importância, notadamente para ajudar as pessoas fracas de pensamento, imaturas para resolver seus próprios problemas.

Os pontos positivos consistem em você acreditar firmemente que é bastante capaz de enfrentar seus problemas e que para todos eles existem soluções adequadas; que, em toda e qualquer situação, você é capaz de se manter calmo e é capaz de controlar suas tensões emocionais.

Que, de espírito tranquilo, você é capaz de atacar os problemas um de cada vez, sem sobrecarregar sua mente de preocupações desnecessárias; que, quando os problemas são vários e surgem ao mesmo tempo, a ponto de amedrontar, você é capaz de reunir todas as forças da sua alma, todas governadas pela fé, e guerrear os problemas, provando-lhes que a vitória será sempre sua.

E não se esqueça da vontade firme, da paciência e da

tenacidade na consecução dos seus objetivos. Além disso, sintonize com o seu anjo da guarda e confie nas inspirações que ele lhe transmitir pelo pensamento.

Você pode se curar e curar os outros pelo poder da fé. Mentalize essa realidade. É importante.

Em primeiro lugar você deve se conscientizar – e isso é fundamental – que toda e qualquer cura vem de Deus e só acontecerá com a Sua permissão. Em segundo lugar, que Deus opera por meio de Seus mensageiros, que possuem essa permissão de operar as curas. Os mensageiros de Deus são os espíritos elevados, Seus emissários, que as crenças religiosas chamam de anjos de guarda, guias espirituais, gênios do bem.

As criaturas que com o poder da fé operam as curas são simplesmente médiuns curadores, independentemente de serem pastores protestantes, sacerdotes do catolicismo, umbandistas, quimbandistas, pais ou mães de santos, espíritas, muçulmanos ou membros de quaisquer outras crenças religiosas. Não importa a religião. Todos os curadores, mesmos os mais hábeis magnetizadores, são médiuns de cura e, portanto, são instrumentos da vontade de Deus. Com essa força espiritual poderosa, a fé, você poderá fazer curas em si mesmo e em outras pessoas.

Entretanto, devemos lembrar, por oportuno, que as curas que não se realizarem podem dever-se ao fato de o doente precisar continuar enfermo para curar as chagas da sua alma. As mazelas do corpo curam as mazelas do espírito.

Os crimes, as injustiças e as maldades em geral que cometemos contra os nossos semelhantes criam carmas que precisam ser resgatados. Deus é a Inteligência Suprema do Universo, não há nada que ocorra que Ele não tome conhecimento. A Sua presença no Universo é constante. Não tem forma nem aparência. É Deus, o Senhor da vida.

Conversando com seus apóstolos, Jesus dizia: "Todos os fios dos vossos cabelos estão contados".

Deus sabe de tudo.

Ele não absolve nem condena ninguém, e autorizou a Jesus, Seu mais eminente emissário, a dizer que a cada filho será dado segundo as suas obras. Isso significa dizer que cada espírito, encarnado ou desencarnado, é responsável pelos próprios atos; que cada um, pelo bem ou pelo mal, se absolve ou se condena. É decreto divino.

Sem o pagamento das dívidas, Deus não consentirá que os bons espíritos nos curem. Porque as doenças são remédios amargos que servem de terapia para os espíritos culpados.

Como já dissemos anteriormente, a lepra do corpo cura a lepra do espírito. O câncer do corpo é terapia para o câncer da alma. As enfermidades em geral constituem os corretivos dos abusos da alma. Toda vez que cometemos abusos, impetramos uma condenação contra nós mesmos. A absolvição somente ocorrerá pelo arrependimento sincero e pela reparação da falta cometida.

Eis aí, pois, a resposta que a filosofia espírita apresenta para aqueles que perguntam por que nem Jesus, nem os apóstolos, nem os representantes das religiões conseguiram (ou conseguem) a cura de todos que os procuraram.

Enquanto as impurezas persistirem manchando o espírito, seu merecimento é limitado. E continuará predisposto às enfermidades corretivas até limpar o carma de forma definitiva.

Não esqueçamos que a fé acompanhada das obras (a caridade) é uma forma de limpar as impurezas da alma. É a cura do espírito.

Embora as religiões tradicionais tenham, ao longo dos séculos, se permitido seduzir pela "besta do apocalipse", aqui interpretada como corrupção de forma generalizada, percebe-se que na atualidade as crenças religiosas vêm se esforçando bastante no sentido de conduzir as criaturas a buscarem a cura para as enfermidades da alma. Porque curado o espírito, o corpo ficará sadio.

O aspecto religioso é muito importante na vida das pessoas, principalmente em relação à aceitação de Deus, do espírito e da sobrevivência deste após a morte do corpo. E também no sentido da verdadeira ressurreição dos mortos, como fala o evangelho, que significa ressuscitar as criaturas mortas nos vícios físicos e morais, mortas na devassidão, nos crimes e nas rebeldias de uma forma geral.

Esses são os mortos que Jesus veio ressuscitar. E aconselhou aos discípulos que fizessem o mesmo.

O Cristo de Deus foi e continuará sendo o grande pastor das almas que constituem a Humanidade do planeta Terra. É o médico porque veio curar as lepras das nossas almas, que são o orgulho, a vaidade, o egoísmo, a devassidão e tudo mais que constitui o grande acervo de desobediência às leis de Deus. Ele apresentou a cura pela prática do bem e pela renúncia ao mal.

Entretanto, a obediência a esses princípios depende de nós. Se quisermos, bom para nós. Se não quisermos, pior para nós.

É bom lembrar que Jesus não se preocupou tanto com as curas do corpo quanto se importou com a cura do espírito, porque quando este é curado das doenças que têm origem em suas imperfeições morais, não mais se tornará causador das doenças do corpo.

Quando Jesus absolveu a mulher adúltera do apedrejamento pelos judeus ortodoxos, ao curar os paralíticos, ao restituir a visão aos cegos, ao restabelecer a saúde mental aos loucos, em acertos de contas com espíritos vingativos (eram os loucos por obsessão) e tantos outros casos similares, ele advertia que não pecassem mais, pois, se assim o fizessem lhes aconteceriam coisas mais graves. Como vemos, os pecados, ou melhor, os crimes cometidos, as injustiças e o mal em geral que cometemos são os geradores das doenças, das cegueiras, das deformidades em geral que já renascemos com elas. São as colheitas da semeadura.

Os espíritos superiores ensinam que toda semeadura é livre, mas toda colheita é obrigatória. Assim, não temos de gemer nem chorar. É assumir. A maioria das criaturas não tem condições de curar a si mesmas, nem aos outros, embora sejam portadoras da fé religiosa, porque só conseguem a cura aqueles que a merecem pois nada devem.

MUDE SUA MANEIRA DE PENSAR, SENTIR E AGIR

QUE TAL A leitura de um bom livro para mudar sua maneira de pensar, sentir e agir? Um livro não apenas instrutivo mas sobretudo educativo é alimento do espírito.

Um bom livro, além de possuir os ingredientes nutritivos da alma, tem o poder de transformar a nossa visão espiritual. Indica os caminhos que devemos percorrer. Aponta os trechos sinuosos da caminhada, através de sinais vermelhos, com o fito de evitar que caiamos nos abismos. Um bom livro é bom amigo. É bom conselheiro. Aponta os nossos erros e aconselha os acertos, para o nosso próprio bem.

O livro espírita, por exemplo, traz em suas páginas excelente conteúdo terapêutico para a alma. A medicina acadêmica, hoje mais que no passado, já está reconhecendo que tendo em vista a íntima ligação do corpo com a alma, as doenças do físico quase sempre têm conexão com os distúrbios do espírito. Quando a alma entra em desarmonia, o corpo se ressente. E aí aparece o espiritismo para esclarecer que a primeira providência é tratar da alma, para que o corpo se restabeleça em saúde. Ou que o tratamento seja feito em paralelo.

Os males que mais causam desarmonia ao espírito são os sentimentos de ódio, rancor e desejos de vingança. Enquanto esses males não forem disciplinados e substituídos por bons sentimentos, a alma continuará sempre doente. E as doenças decorrentes desses males se refletirão camufladas com os nomes de ansiedade mórbida, depressão, distúrbios nervosos e outros.

Também não devemos nos esquecer que tais sentimentos, alimentados com constância, podem se transformar em polos de atração a espíritos desencarnados que pensam e sentem da mesma forma.

Para a cura de determinados males da alma, precisamos mudar de atitudes mentais. As ofensas recebidas humilham, ferem, machucam e deixam cicatrizes na alma. As ingratidões golpeiam mais fundo. E os inimigos nos atingem, quase sempre, nos pontos mais frágeis. Quando isso acontece, o primeiro impulso que nos assalta é o da represália. É um tipo de atitude mental muito perigosa. Se não conseguirmos fazer mudanças nesse tipo de atitude, o mal poderá crescer e gerar outros mais graves.

O aconselhamento de um bom livro é de que, mesmo que o azedume, a acidez, as ingratidões, as incompreensões do mundo continuem provocando profundos golpes em nossa alma, jamais devemos nos permitir abater pelo fantasma do desânimo. Porque, só os fracos caem deitados. Os fortes, quando caem, caem sempre de pé. Nada os abate.

Precisamos, urgentemente, mudar nossa maneira de pensar, sentir e agir. Que tal, para essa mudança, buscarmos o medicamento do evangelho? Que tal?

Você deseja ter boa saúde física e bem-estar espiritual? Torne-se amigo fiel de um bom livro. Você já experimentou conhecer *O Livro dos Espíritos*, de Allan Kardec? Você já conhece *O Evangelho segundo o Espiritismo*? Não? Pois não sabe o que está perdendo.

Conheça essas obras e mude sua maneira de pensar, sentir e agir. E viva feliz!

É possível que as suas perturbações espirituais sejam causadas pela sua maneira errônea de pensar, sentir e agir. Como você vê o mundo que o cerca? Como você vê as pessoas? Como você vê a vida? Os livros acima apontados podem realizar tais mudanças, sem que sejam milagres. Basta aplicar em si mesmo as boas regras das mudanças que eles propõem.

Para o seu próprio bem, quando adoecer do corpo, além do tratamento que dispensar a ele, cuide também da alma com a terapia do evangelho. Lembre-se que no tratamento das suas doenças físicas, o médico é apenas a ponte entre você e Deus. É bom não esquecer que o médico trata do paciente, mas a cura quem faz é Deus.

Como vai sua vista espiritual?

COMO CUIDAR DA SAÚDE DA ALMA (I)

NINGUÉM ENCONTRA EM farmácias os medicamentos da alma. Não há comprimidos, xaropes nem elixires, ou tampouco injeções que curem ira, pânico, culpas, remorsos, ódios, rancores, instintos violentos e coisas do gênero. O que se sabe é que a cura desses males está na substituição deles pelos seus sentimentos opostos. A saúde do espírito depende disto.

A alma é como uma planta, que precisa sempre ser regada com cuidados, para que a ela não tenham acessos perniciosos parasitas. Quando isso ocorre, é preciso urgentemente pulverizá-la.

A alma, quando descuidada, torna-se viveiro de pensamentos, ideias e imagens mentais doentias. Nesse estado, o corpo também adoece. Abordei este tema em meu livro *Nas pegadas do espiritismo*, no primeiro capítulo, Os Parasitas da mente.

Nele, ressaltamos que o homem vive em permanente processo de autodestruição, porque a sua mente já se acostumou a pensar e pintar quadros psíquicos retratando tão somente as paisagens deprimentes da vida. Nesse estado emocional, a alma está enferma e precisa de tratamento. A terapia consiste em aprendermos a arte de manejar, com firmeza e sabedoria, os recursos espirituais que se acham adormecidos em cada homem.

Como já dissemos, assim como o corpo está sujeito à invasão dos parasitas, o que acontece também com os vegetais e animais, de modo semelhante acontece com a nossa alma. Se não limparmos o nosso interior, convenientemente, a mente poderá se transformar em viveiro de maus pensamentos. Porque, a exemplo dos insetos, os pensamentos perniciosos também sugam as nossas energias psíquicas, resultando daí o inevitável enfraquecimento das forças espirituais.

É imensa a lista dos parasitas da mente. Entre eles, podemos citar alguns que se acham em nossa lembrança. São a tristeza e o desânimo; a leviandade e a cólera; a maledicência e o estado permanente de irritabilidade; a crueldade e a calúnia. A criatura que desejar preservar a saúde da sua alma deve pulverizar aqueles parasitas da mente, porque são eles os responsáveis pela maioria das nossas perturbações espirituais.

Chamamos a atenção para o fato de que, quase sempre, na retaguarda daqueles parasitas, alimentando-os com sutileza, se acham espíritos obsessores, verdadeiros vampiros na arte de sugar as energias mentais das pessoas sem fé. Devemos reconhecer a realidade: quando a nossa alma se desequilibra, a nossa mente abre espaço para os vampiros do além. Eles surgem como fantasmas ao sabor dos ventos.

Fazemos questão de chamar sempre a atenção, em nossos escritos, sobre esse aspecto da influência de espíritos doentes em nossa mente desequilibrada, porque é este um dos males mais comuns de que se veem envolvidas as criaturas humanas.

Mesmo que a maioria das pessoas, infelizmente, não

aceite essa verdade, o problema existe. Os espíritos perturbados, portadores de graves desequilíbrios, se constituem em perturbadores das pessoas frágeis. Não podemos nos esquecer de que a preservação da nossa saúde física e emocional depende, literalmente, da nossa transformação moral e espiritual, com o respaldo dos conceitos e preceitos evangélicos.

Enquanto isso não ocorrer, os parasitas continuarão fazendo ninhos em nossa mente descuidada. Avaliando a importância dos pensamentos sadios na pulverização dos parasitas invasores da nossa moradia mental, um sábio ensinava: "O pensamento é força que determina, estabelece, transforma, edifica, constrói e reconstrói". Falou e disse!

E os pensamentos de saúde e paz estão na base desta frase do apóstolo Paulo, ao advertir os cristãos da Igreja de Filipos: "Tudo o que é verdadeiro, tudo o que é honesto, tudo o que é nobre, tudo o que é puro, tudo o que é santo, seja, em cada hora da vida, a luz dos vossos pensamentos".

Eis aí, pois, a força do pensamento saudável, que preserva a saúde do espírito e deixa o corpo sadio.

É bom lembrar que a vitalidade da alma está na vitalidade dos pensamentos saudáveis, que gera a vitalidade de um corpo sadio. Há algo muito interessante que mantém dinâmica a vitalidade do espírito: o desejo de realizar os nossos sonhos. Sonhar é manter sempre acesa a chama desse desejo. E somente o pensamento sadio, ativo, é capaz de manter essa chama sempre acesa.

Há outra coisa, que também pode multiplicar a vitalidade do pensamento: são as preces e as reflexões acerca de conceitos e preceitos do evangelho.

Às vezes, o medo, a culpa, o remorso, a ansiedade, a mágoa, a tensão nervosa, tudo isso pode formar barreiras que impedem o fluxo de vitalidade dos pensamentos. Nesse estado, a alma fica como um ser encurralado, sem saída. E quando o espírito sente-se dominado pela tensão nervosa e pelos demais fatores negativos citados aqui, fica bloqueado. Há pessoas neste exato instante, em qualquer parte do planeta, que se acham presas a esse tipo de bloqueio psíquico. É horrível.

Mas, em casos dessa natureza, os psicanalistas sugerem que o bloqueado deve fazer desabafos. Não desabafar com grosseria e acidez sobre os seus amigos ou familiares e muito menos a estranhos. Quem assim procede pode criar inimizades.

Os desabafos de temores, sentimentos de culpas, ressentimentos guardados, remorsos e frustrações, sentimentos de revoltas, devem ser feitos frente a frente com os psicoterapeutas, para receberem a terapia adequada a cada caso específico. E para os psicólogos terem melhor êxito, devem assegurar ao paciente que a entrevista é confidencial, a fim de dar-lhe maior confiança, segurança e maior liberdade de expelir de dentro da alma tudo aquilo que o atormenta.

Esses desabafos, se o paciente preferir, também podem ser feitos em preces a Deus ou ao seu anjo da guarda, que conhecem os nossos problemas e dificuldades e sempre nos concedem orientações sadias. Não devemos esquecer que Deus, através das nossas orações sinceras, atende sempre às nossas necessidades, desde que tais necessidades não estejam ligadas a ambições, cobiças e a outros interesses que possam prejudicar nossa alma.

Naturalmente, quando a pessoa faz o desabafo, é como se retirasse do espírito um peso de cinco toneladas. O suspiro de alívio virá em seguida. Nós precisamos dos desabafos, precisamos esvaziar a alma de ideias, pensamentos e imagens sombrios.

Há medicamentos manipulados em laboratórios que possam curar os problemas do espírito? Claro que não! O evangelho é a terapia. Pensar, sentir e agir segundo o evangelho é o melhor medicamento.

COMO CUIDAR
DA SAÚDE DA ALMA (II)

A PRESERVAÇÃO DA saúde do espírito para não adoecer o corpo é uma arte que poucos sabem usar. Hoje, os médicos da alma e do corpo, do mundo inteiro, já estão reconhecendo uma verdade que o espiritismo vem ensinando há um século e meio: as pessoas de temperamento forte suicidam-se lentamente, porque sua alma vive sempre saturada de ressentimentos, ódio, rancores, de repúdio profundo ao próximo, má vontade, inveja, ciúme, cobiças.

Como não sabem ou não querem educar essas atitudes psíquicas, tornam-se agressivas, explodem por nada. E são violentas. Suas explosões emotivas prejudicam-lhes a saúde, por isso elas sentem um mal-estar terrível.

Cada explosão causa-lhes no corpo reações químicas nocivas à saúde. Quem alimenta sentimentos dessa espécie não vai bem espiritualmente. As doenças do corpo não tardarão a aparecer. A alma desequilibrada golpeia sua habitação, o corpo.

Quando o indivíduo não sabe ou não quer dominar as emoções violentas, suas reações temperamentais podem desencadear até mesmo um AVC ou enfarte cardíaco fulminante. E quando esses males maiores não ocorrem, provavelmente explodirá uma úlcera violenta.

De sete pessoas minhas conhecidas, de perto, de temperamento explosivo, com idades entre cinquenta a sessenta anos, quatro foram vítimas de derrame cerebral e faleceram logo depois, duas morreram de ataques cardíacos e apenas uma está viva, mas perdeu a fala e os movimentos do braço e perna esquerda.

Um caso recente ocorreu com o filho de um nosso amigo, cidadão de 64 anos de idade, teve numa noite uma pesada contrariedade com uma de suas irmãs. Foi dormir e teve um derrame. Seu lado direito ficou paralisado e a voz embargada, como sequela do mal.

E por que tais casos ocorreram? Porque essas pessoas não souberam (ou não quiseram?) dominar seus impulsos agressivos. Interessante é notar ainda que tais conhecidos, embora pessoas bem-intencionadas, viveram distantes da fé.

Possivelmente aqueles meus conhecidos explodiam de ira por erros cometidos por eles ou por terceiros (esposa, filhos, empregado, etc.). Mas já foi feito, já aconteceu. E agora? O que foi feito, está feito, não se pode mais impedir.

Isto até que me faz lembrar uma frase de muita sabedoria, já citada em meu livro *Conquiste sua paz interior*, que diz assim: "São irremediáveis e, portanto, não merecem ser lamentados o leite derramado, a pancada dada, a palavra dita, a flecha atirada e a oportunidade perdida".

Jamais vimos tamanha verdade!

O aconselhamento dos profissionais da medicina da alma é de que, de vez em quando, o indivíduo deverá fazer uma análise de si mesmo, notadamente quando estiver passando por perturbações sem causas aparentes. Por meio do processo de autoanálise perguntemos a nós mesmos, com toda sinceridade, se no velho baú da nossa alma não estão guardados alguns retratos de mágoas e rancores? Se não fizemos algum mal a alguém e por isso guardamos algum sentimento de culpa ou mesmo algum remorso? Se, em algum momento, explodimos e vomitamos palavras azedas no rosto de alguém e por isso esse alguém alimenta queixas contra nós?

Era Santo Agostinho quem tinha esse hábito. E o exercitava diariamente antes de dormir. Era através desse processo que ele se disciplinava, sempre acompanhado das preces.

Seguindo esse bom exemplo, é aconselhável também que, toda vez que um problema qualquer começar a nos incomodar e, assim, a ira ameaçar nos dominar, é de grande utilidade exercitar o relaxamento dos nervos. Com os nervos relaxados, os pensamentos fluem com mais desembaraço. Esse método era aconselhado pelos sacerdotes da antiga Índia e pelos antigos egípcios como modo de refazer as forças vitais do espírito.

Não é preciso ser psicólogo para reconhecer que os males das emoções descontroladas pela raiva, pelas mágoas, pelos rancores, quando constantemente alimentados, voltam-se contra o próprio indivíduo que os cultiva. Diríamos que essas atitudes emocionais indigestas cozinham os indivíduos que as alimentam com fogo baixo. Daí resultam a destruição da saúde espiritual e física e, por fim, da felicidade.

Você sabia que o medo e a ansiedade podem causar distúrbios emocionais? Sim, podem! A cura pode ocorrer através da mudança de padrão do pensamento. Norman Vincent Peale, em seu livro *O poder do pensamento positivo*, conta-nos um caso bem interessante.

Trata-se de uma jovem que passou a sofrer de artrite reumática. Internou-se várias vezes com as juntas inchadíssimas e com febre alta. Passava dias no hospital e voltava para casa. Nessas condições passaram-se uns seis meses, aproximadamente.

O médico que a atendia, bastante experimentado em doenças emocionais, teve a ideia de fazer uma entrevista com a jovem, que aceitou de bom grado. Conversando, o médico veio saber que o pai da jovem insistia com ela para que se casasse com um cidadão rico, cuja riqueza lhe facilitaria as transações comerciais. Quer dizer: casamento por interesse.

A jovem confessou que embora tivesse muita afeição pelo pai, e até que gostaria de ajudá-lo, não queria se casar com um homem que não amava. E se sentia atormentada só em pensar nessa possibilidade. Na primeira oportunidade o médico conversou com o pai da jovem e explicou que se ele obrigasse a filha a realizar o casamento indesejado, ela poderia se tornar inválida.

Quando o pai conversou com a filha e lhe disse que desistiu do casamento dela com aquele homem rico, a jovem ficou rapidamente curada. Como por encanto desapareceram as dores, a febre alta e a inchação das juntas. Isso significa dizer que a artrite reumática era o efeito material de uma causa espiritual. A ansiedade mórbida e o temor de ser infeliz no casamento com o homem que não amava eram as causas geradoras da doença física.

Como vemos, as moléstias do medo e da ansiedade patológica podem provocar no corpo enfermidades de toda natureza. O aconselhamento é que devemos preservar a saúde do espírito, para que o corpo permaneça saudável.

NÃO PERMITA QUE SUA ALMA SE ALIMENTE DE RANCORES

AS EMOÇÕES DESEQUILIBRADAS pelos rancores podem e geram doenças no corpo. Certamente com a intenção de preservar o homem das enfermidades do corpo e das doenças da alma e com vistas ao seu progresso moral foi que Jesus ensinou a lei do perdão das ofensas. Porque as ofensas tendem a gerar ódios e rancores naqueles que as receberam e que ainda não possuem preparo espiritual para esquecê-las facilmente.

Recordemos a frase do evangelho: "Se perdoares aos homens as faltas que cometerem contra vós, também vosso Pai celestial vos perdoará os pecados. Mas se não perdoardes aos homens quando vos tenham ofendido, vosso Pai celestial também não vos perdoará os pecados". (Mateus, 5:14-15).

Essa lei moral condiciona o perdão. Ninguém receberá o perdão de Deus se antes não conceder o perdão ao seu ofensor.

Jesus não ficou apenas nesse ensinamento, mas complementou a lei: "Se contra vós pecou vosso irmão, ide fazer-lhe sentir a falta em particular, a sós com ele; se vos atender, tereis ganho o vosso irmão. – Então, aproximando-se dele, disse-lhe Pedro: Senhor, quantas vezes perdoarei a meu irmão, quando houver pecado contra mim? Até sete vezes? – Respondeu-lhe Jesus: Não vos digo que perdoeis até sete vezes, mas até setenta vezes sete vezes". (Mateus, 18:15-21,22).

Eis aí a terapia do perdão das ofensas, que gera harmonia ao espírito e ao corpo.

O perdão, além de gerar equilíbrio no presente, evita problemas e enfermidades futuras. É profilático. Ao passo que os sentimentos de ódios e profundos rancores, além de denotarem uma alma sem elevação e sem grandeza, predispõem o odiento e rancoroso a apanhar doenças da alma e do corpo.

As rixas entre casais são meios de causar ressentimentos, que às vezes, quando não curadas pelo perdão mútuo, tendem a se transformar em sentimentos mais profundos de ódios e rancores. O remédio para esses males está na frase evangélica já citada.

Conheci uma senhora muita ciumenta. Quando as crises eram pesadas, partes do seu corpo ficavam escuras. Ela confessava que sentia muito ódio do marido e de sua amante. Muitas vezes chegou mesmo a desmaiar e se internar, com a pressão arterial muito alta.

A situação se agravou. Seu médico a colocou entre duas opções: ou ela fecharia os olhos para a infidelidade do marido ou, então, se separaria dele, fato que ela jamais aceitaria, para não ceder a vez a sua rival.

Ela aceitou a primeira opção e confessou depois que se libertou dos males. Sua alma passou a uma leveza nunca antes sentida. Realmente, o ciúme, o ódio e o rancor que alimentava constituíam-lhe uma prisão sem grades. Retirou um peso da alma, oprimida pelo ciúme.

Facilmente se percebe que o ciúme está quase sempre ligado aos problemas dos casais. É ele o responsável pela maioria das separações. Não devemos esquecer que o ciúme e a inveja são moléstias da alma. Não existem drogas que combatam esses males. Só as virtudes que lhes são contrárias é que podem curá-las.

Um psicólogo famoso contou que recebeu em seu consultório uma senhora que se queixava de erupção nas mãos. Era um caso de eczema. Ele teve a intuição de convidá-la a falar da sua vida. À medida que desabafava, ele foi percebendo que ela era uma pessoa muito rígida. Seus lábios eram finos e cerrados. Dificilmente sorria, até mesmo em sua vida de relação com a família. Demonstrava ser uma criatura portadora de profundas decepções. Imensamente frustrada, sua alma parecia marcada por profundas cicatrizes.

O psicólogo concluiu que esses problemas íntimos eram as causas geradoras das erupções cutâneas. Concluiu também que, quando ela era acometida de crises periódicas de irritações interiores, estas se manifestavam em forma de erupção nas mãos. Ela se coçava, quando na realidade, a sua vontade era arranhar alguma coisa ou mesmo alguém. Ela própria não tinha consciência do motivo desse comportamento. O psicólogo perguntou se ela relacionava-se bem com a família. Respondeu que não. Havia tido um problema muito sério com o pai e tinha dificuldade em se reconciliar. O psicólogo aconselhou-a a uma reconciliação sincera. E expôs as vantagens do perdão e as desvantagens do rancor.

Semanas depois, ela voltou ao consultório de semblante mais aberto, discretamente sorridente, alegre. Confessou que se reconciliou com o pai. Sentia-se bem.

O eczema desapareceu como por milagre. Curada a causa, que era o rancor, os efeitos desapareceram.

Hoje, ninguém mais ignora a relação entre o espírito e o corpo, pois o que afeta o primeiro repercute no segundo e, assim, vice-versa.

Vamos relatar mais um caso.

Uma senhora casada, com quatro filhos menores, contou que vivia às mil maravilhas com o esposo, homem brando, pacífico, cumpridor dos seus deveres profissionais e familiares. Enfim, um modelo de cidadão. Um belo dia, porém, sua sogra telefonou avisando que viria passar uns três ou quatro meses com o filho.

Acontece que a sogra era uma mulher encrenqueira, ranzinza, de temperamento forte, reclamava de tudo e botava defeito onde não existia. De repente a sogra chega de malas e cuia. O ambiente doméstico começou a mudar. A nora, por sua vez, passou a discutir com o marido por coisas banais, o que antes não acontecia.

Com cerca de trinta dias de convivência, a nora passou a sofrer de uma coceira infernal. Parecia sarna, mas não era. Coçava até ficar vermelho e sangrar, mais intensamente nas pernas. Ao mesmo tempo surgiu uma inchação na perna direita, mais conhecida por "mal de monte" ou "erisipela". E na tentativa de cura, haja médicos, injeções e comprimidos. Tudo inútil. Os males até que se agravavam.

Por conta de tais problemas, a nora começou a ter uma depressão. Em consequência, não se alimentava nem dormia bem. A irritabilidade, o nervosismo, as comoções emocionais passaram a ser suas companheiras inseparáveis.

Finalmente, a sogra compreendeu que estava fazendo muito mal àquela família. Ainda bem que compreendeu em tempo. Ela, que veio para passar uns três ou quatro meses, passou apenas quarenta dias, o suficiente para levar a nora ao desequilíbrio.

Quando a sogra se despediu e viajou para sua casa em estado vizinho, a paz daquele lar voltou ao que era antes e, no espaço de quinze dias, – e sem remédio –, todos os males da nora cessaram, parecendo até um milagre. Tudo faz crer que o repúdio psicológico que a nora passou a alimentar contra a sogra havia sido o causador dos seus desarranjos emocionais, distúrbios que se manifestavam em seu corpo em forma de erisipela e violenta coceira.

Ora, não foi um caso tipicamente de rancor da nora contra a sogra, mas apenas uma forte rejeição, em face do caráter desta. Mas, o fato é que tudo terminou bem: nora, sadia de espírito e corpo. E a família voltou a viver na mesma paz de sempre.

Naturalmente, a sogra, de mente poluída e encharcada de maus fluidos, poluiu o ambiente do lar e saturou a alma da nora de fluidos doentios, que se manifestavam em forma de depressão.

Todo esse estado emocional negativo da nora era agravado pela sua certeza de que era impossível se livrar da sogra. Quer dizer: ela se achava encurralada por um problema que julgava sem solução. Daí, pois, a ansiedade mórbida, que provocou a depressão.

É sufocado por essas pressões que, muitas vezes, o indivíduo comete suicídio.

O fato que relatamos acima ocorreu porque a nora era mais sensível e reprimia as influências negativas que a sogra emanava contra ela. Entretanto, podia ter acontecido o inverso, a sogra poderia ter sido a vítima, se a sua sensibilidade fosse maior. Coisas da vida.

Voltamos a dizer que a raiva, a mágoa, a culpa, o remorso e os rancores são o lixo da alma.

Com a terapia do evangelho, façamos uma faxina nessas impurezas, pois, do contrário, continuaremos doentes, irritadiços, agressivos, azedos, desanimados, desconfiados de tudo e de todos, armados contra tudo e contra todos, revoltados e com vontade de destruir o mundo.

Não esqueçamos que esses condimentos contribuem de forma assustadora para prejudicar a nossa saúde espiritual e física. O remédio indicado é preencher o espírito de sentimentos elevados.

RENOVE SEUS PENSAMENTOS E SEJA FELIZ

A MANEIRA DE se conduzir na vida reflete o interior do homem. Porque, conforme o seu modo de pensar, assim será a sua vida. Ele se conduz, ele tem atitudes, ele fala, ele age exatamente como pensa.

As criaturas só podem dar uma nova feição a suas vidas quando permitem que novos pensamentos, novas ideias ou novos conceitos, todos edificantes, substituam arcaicos preconceitos, conceitos ou ideias envelhecidas. Assim é que se dão as mudanças do interior da alma.

A criatura deve se alimentar espiritualmente, em primeiro lugar, dos pensamentos sadios de praticar o bem; em segundo lugar, acreditar na força, no poder e na vitória do bem.

O crescimento da alma para Deus consiste, fundamentalmente, na aceitação e vivência dessa verdade.

Não esqueçamos que o pensamento ligado ao bem é força criadora. Renova as energias do espírito e o aproxima do seu Criador.

Vive bem alimentado de pensamentos elevados o indivíduo que desenvolve sua vida segundo estes princípios:

1 – Não violar a consciência do seu semelhante.

2 – Ser bom pagador, para não causar prejuízo aos outros.

3 – Falar a verdade.

4 – Não desejar para seu próximo o que não quereria para si.
5 – Respeitar os direitos dos outros.
Sentenciou o Cristo: "Fazei aos homens o que quereríeis que eles vos fizessem".

Assim, mais felizes vivem as pessoas que aprenderam a arte de se conduzir melhor na vida, respeitando-se e respeitando os seus semelhantes.

Há pessoas que são muito fracas e assim se deixam vencer com facilidade. Qualquer probleminha as abate. São carentes de energia moral. Há outras, no entanto, que jamais se dão por vencidas. São pessoas autoconfiantes. Enfrentam seus problemas, um a um, com otimismo e sempre saem vitoriosas. Simplesmente não acreditam em fracassos.

Há indivíduos que têm o temperamento difícil. São de difícil convivência porque são encharcados de ódio. Consideram todo mundo seus inimigos. Desconfiados, não aceitam opinião de ninguém. Somente eles sabem das coisas. Subestimam seus companheiros. São arrogantes e intratáveis. E aonde vão, carregam um rei no ventre.

Decerto, por conta dessa maneira de ser, tornam-se antipáticos. Ninguém gosta deles e por onde passam deixam uma esteira de inimigos. E o mais grave é que o orgulho não permite que eles abram os olhos para enxergar os seus erros. Tudo provém da sua maneira errada de pensar. E por isso, em tudo fracassam.

Até que um dia, felizmente, passam a descobrir que o erro está em si mesmo e, portanto, inicia-se o seu encontro com a sua própria personalidade, de criatura impossível.

Nesse reencontro consigo mesmo, precisa, urgentemente, encher a sua alma de novos pensamentos, que o transformarão em nova criatura.

Isso é o que se chama reforma. E jamais esquecer que o orgulho e a vaidade matam a beleza da alma. Também deverá incorporar ao espírito esta bela frase de um pensador grego: "Quanto mais te sentes virtuoso, tanto mais te pareces com os deuses".

Transformações morais dessa natureza, tomando-se como ponto de apoio as mudanças na maneira de pensar, sentir e agir, testemunhamos em diversas pessoas que manifestaram interesse nos estudos de apenas duas obras espíritas: *O Livro dos Espíritos* e *O Evangelho segundo o Espiritismo*, ambos de Allan Kardec. Esses dois belos livros têm transformado radicalmente as vidas de muita gente. Transformam mudando a maneira de pensar, apontando os nossos erros e mostrando como consertá-los.

Quem conhecer essas obras e compreendê-las, pouco a pouco se transformará em uma nova criatura, com novos pensamentos, novas ideias e novos conceitos da vida. Muita gente não quer aceitar, mas é verdade: a nossa maneira de pensar é responsável pelo nosso destino, feliz ou desgraçado.

O imperador romano, Marco Aurélio, que também era filósofo, dizia que "a vida do homem é guiada pelos seus pensamentos".

Há na natureza do homem, como dizia Emerson, a tendência natural de se transformar naquilo que pensa.

As influências que os pensamentos exercem sobre o homem são as causas dos fracassos ou dos triunfos em todos os aspectos da existência.

Com os pensamentos podemos criar situações agradáveis ou desagradáveis, benéficas ou maléficas. Com o dinamismo dos pensamentos podemos nos tornar doentes ou sadios. E quando a fé é bem alimentada pelos pensamentos do desejo ardente de curar, podemos curar os outros e curar nossas próprias doenças. "A tua fé te curou", dizia Jesus.

Voltamos a lembrar, portanto, que os pensamentos sadios fortalecem o espírito, renovam-lhe as forças e tornam o corpo sadio. Quando o corpo adoece é porque, quase sempre, a alma traz em si alguma doença moral.

As pessoas que vivem alimentando pensamentos de medo, angústia, desânimo, derrotismo, fracassos e outros similares, se não tiverem o cuidado de eliminar esses males (fantasmas) da alma, eles podem crescer muito mais e se tornarem crônicos.

A tendência é atrairmos para nós aquilo que constantemente mentalizamos.

Norman Vincent Peale, em seu livro *O poder do pensamento positivo*, diz: "Pense positivamente e estará pondo em movimento forças positivas, que trarão resultados positivos".

O autor vai mais além: "Os pensamentos positivos criam em volta de si uma atmosfera que é propícia ao desenvolvimento de resultados positivos. Ao contrário, alimente pensamentos negativos e criará em volta de si uma atmosfera apropriada para o desenvolvimento de resultados negativos".

Ninguém pode contestar essa realidade. É a lei de atração, que poderá ser bastante útil e trazer excelentes resultados nos casos, principalmente, dos dependentes químicos que se libertarem de suas tendências perniciosas, quaisquer que sejam os vícios físicos, psicológicos ou morais. Triunfar sobre as más tendências é muito importante. O triunfo está no pensamento, que comanda e direciona a força de vontade.

Sabemos que as situações difíceis que nos cercam no dia a dia da vida, compreendendo-se aí, principalmente, os problemas familiares, geram contrariedades de toda natureza. As contrariedades em geral desalinham os pensamentos. E estes geram, inevitavelmente, vibrações negativas de alta tensão. Esse estado emocional provoca fortes alterações na circulação sanguínea. Com esta alteração, a pressão arterial sobe e o indivíduo corre o risco de ser acometido de enfarte ou de derrame cerebral, conforme já dissemos em capítulo anterior.

Eis aí, pois, o resultado da influência dos pensamentos desequilibrados.

Muitas pessoas que se veem cercadas de dificuldades precisam entrar em sintonia com Deus. Feito isso, é só confiar que as ideias brotem em sua mente. Depois, acreditar nelas e, por último, estudar um meio de levá-las adiante.

Eis aí, portanto, o pensamento positivo funcionando. Pensar no fracasso é fracassar. Pensar no triunfo é triunfar.

As ideias surgirão consoante sua fé. Não é diferente. Renovar os pensamentos é adotar novos hábitos mentais. Consiste em você aprender a substituir velhas ideias por novas, antigos costumes por novos. Quer dizer: adotar nova postura espiritual.

Que tal adotar o bom hábito da prece? Que tal adotar o bom hábito de ler e meditar o evangelho? Se você já vem há muito tempo com o mau hábito de não fazer preces ou ler o evangelho antes de dormir, passe a adotar esse hábito hoje mesmo.

Se você não tem o hábito de avaliar o seu dia de trabalho e como se relacionou com as demais pessoas, faça-o hoje mesmo. Aprenda a cultivar o hábito de eliminar os pensamentos doentios e substituí-los pelos sadios. É uma nova postura.

Essas regras simples, porém eficazes, são a caixa de segredos de uma vida espiritual sadia, equilibrada, feliz.

TRATAMENTO DE DEPENDÊNCIA EM ÁLCOOL E DROGAS
(CRACK, COCAÍNA, MACONHA E OUTRAS)

Se você ou algum familiar tem problemas com drogas, saiba que isso tem tratamento e recuperação.

Nós podemos ajudar!
Conheça nosso tratamento humanizado na

Nova Consciência

- Desintoxicação • Conscientização • Espiritualidade
- Equipe multiprofissional (médica, psicólogo, terapeuta, técnicos e especialistas em dependência química)
- Grupos terapêuticos e videoterapia • Academia, natação e futebol
- Terapia ocupacional com oficinas e cursos • Orientação familiar
- Programa 12 Passos • Acompanhamento pós-tratamento

(Clínica espírita, masculina, regime de internato voluntário por 4 a 6 meses, com atendimento apenas para 18 pacientes, a partir de 14 anos).

COMUNIDADE PSICOSSOMÁTICA NOVA CONSCIÊNCIA - CAPIVARI-SP

Rua Jacub Pain, 187 - Recanto Cancian
Site: www.comunidadenovaconsciencia.com.br
E-mail: contato@comunidadenovaconsciencia.com.br
Fones: (19) 3491-6597 (Nova Consciência) // 3491-7000 (Arnaldo)
99112-3033 ou 99844-9966 (Saulo) // 99788-4380 ou 99271-6510 (Arnaldo)